NOÇÕES DE ANÁLISE DE DEMONSTRAÇÕES CONTÁBEIS

Osni Moura Ribeiro

NOÇÕES DE ANÁLISE DE DEMONSTRAÇÕES CONTÁBEIS

FUNDAMENTOS DE CONTABILIDADE
Volume 4

Contempla as Normas Internacionais de Contabilidade.
Indicado para não contadores.

São Paulo
2020

saraiva EDUCAÇÃO | **érica**

Av. Doutora Ruth Cardoso, 7221, 1º Andar
Pinheiros – São Paulo – SP – CEP: 05425-902

SAC Dúvidas referentes a conteúdo editorial,
material de apoio e reclamações:
sac.sets@somoseducacao.com.br

Direção executiva	Flávia Alves Bravin
Direção editorial	Renata Pascual Müller
Gerência editorial	Rita de Cássia S. Puoço
Editora de aquisições	Rosana Ap. Alves dos Santos
Editoras	Paula Hercy Cardoso Craveiro
	Silvia Campos Ferreira
Assistente editorial	Rafael Henrique Lima Fulanetti
Produtor editorial	Laudemir Marinho dos Santos
Serviços editoriais	Juliana Bojczuk Fermino
	Kelli Priscila Pinto
	Marília Cordeiro
Preparação	Rafael Faber Fernandes
Revisão	Rosângela Barbosa
Diagramação	Join Bureau
Impressão e acabamento	Bartira

DADOS INTERNACIONAIS DE CATALOGAÇÃO NA PUBLICAÇÃO (CIP)
Angélica Ilacqua CRB-8/7057

Ribeiro, Osni Moura
   Noções de análise de demonstrações contábeis / Osni Moura
Ribeiro. – São Paulo: Érica, 2020.
   136 p. (Fundamentos de Contabilidade; vol. 4)

   Bibliografia
   ISBN 978-85-365-3277-6

1. Contabilidade I. Título

	CDU 657
19-2488	CDD 657

Índices para catálogo sistemático:
1. Contabilidade

1ª edição

CO	646240	CL	642509	CAE	717442

APRESENTAÇÃO

Depois de lecionar Contabilidade para grupos heterogêneos de estudantes por mais de 45 anos e de ter disponibilizado no mercado, em parceria com a Editora Saraiva, mais de duas dezenas de livros, todos versando sobre a ciência contábil e dirigidos a estudantes e profissionais que atuam na área contábil, decidimos escrever a série **Fundamentos de Contabilidade**, para a Editora Érica.

Indicada para não contabilistas, esta série, que trata dos fundamentos de Contabilidade, é composta por cinco volumes e foi cuidadosamente preparada com linguagem objetiva e de fácil entendimento, seguindo a mesma metodologia de parte dos 21 livros que foram escritos por mim entre 1983 e 2018. Este livro teve origem na obra *Estrutura e Análise de Balanços*, 12ª edição, de minha autoria, publicada pelo selo SaraivaUni.

A Contabilidade é uma ciência presente em todos os setores das atividades humanas, e seu conhecimento ajuda as pessoas não somente no desenvolvimento de suas atividades profissionais, como também no gerenciamento de seus negócios particulares.

Os estudantes de Contabilidade e os contabilistas (profissionais que atuam na área contábil) encontram nesses livros os conhecimentos necessários para o bom desenvolvimento de seus estudos e o bom desempenho de suas atividades profissionais. Os estudantes e os profissionais de outras áreas, bem como as pessoas em geral, todos considerados não contabilistas, que, em seus estudos, no exercício de suas atividades profissionais ou mesmo no gerenciamento de seus negócios particulares necessitam de conhecimentos de Contabilidade, encontram, a partir de agora, nos livros da série **Fundamentos de Contabilidade**, as informações necessárias para alcançar seus intentos.

Por que esta série é indicada para não contabilistas? Porque, por tratar dos fundamentos de Contabilidade, ela foi escrita com base somente em normas contábeis, sem interferência de legislação alguma.

Qual é a proposta dos livros da série **Fundamentos de Contabilidade**? Oferecer a você os fundamentos de Contabilidade, conhecimentos necessários para que possa entender e interpretar com facilidade as informações apresentadas nas demonstrações contábeis, produtos finais da Contabilidade.

Assim, no Volume 1 você estuda e aprende as noções de Contabilidade, adquirindo o pleno domínio do mecanismo do débito e do crédito, conhecimento imprescindível que o habilita a estudar e compreender com muita facilidade qualquer assunto envolvendo a Ciência Contábil; no Volume 2, você avança um pouco mais nos estudos e aprende a apurar o resultado do período (exercício social) de empresas comerciais aplicando o regime de competência; no Volume 3, você estuda a estrutura das Demonstrações Contábeis, aprende a elaborá-las e fica sabendo o que é, para que serve e como extrair informações úteis de cada uma delas; no Volume 4, você amplia um pouco mais seus conhecimentos, aprendendo a interpretar e analisar os dados apresentados nas Demonstrações Contábeis; e, no Volume 5, você complementa seus conhecimentos estudando e aprendendo as noções de custos com ênfase no custo industrial.

Nosso maior propósito é colaborar para que o ensino e a aprendizagem da Contabilidade fiquem cada vez mais fáceis e acessíveis a um número cada vez maior de pessoas interessadas.

O autor

SOBRE O AUTOR

Osni Moura Ribeiro é bacharel em Ciências Contábeis e professor de Contabilidade Geral, Comercial, Intermediária, Avançada, Gerencial, Pública, Tributária, de Custos, Auditoria e Análise de Demonstrações Contábeis.

Já ocupou cargo de contador, analista contábil, inspetor contábil, auditor e agente fiscal de rendas da Secretaria da Fazenda do Estado de São Paulo.

Atua como auditor e consultor de órgãos públicos e empresas particulares. É, ainda, palestrante e autor de diversas obras publicadas pela Saraiva Educação.

SUMÁRIO

Noções de Análise de Demonstrações Contábeis

A ANÁLISE DE DEMONSTRAÇÕES CONTÁBEIS É FÁCIL

1.1 Introdução

Para que o analista de **Demonstrações Contábeis**[1] possa realizar adequadamente suas tarefas, é necessário que ele tenha pleno conhecimento das normas de Contabilidade, saiba escriturar com desembaraço os Fatos Administrativos responsáveis pela movimentação do Patrimônio da entidade, conheça os mecanismos de apuração do Resultado do Exercício, saiba elaborar as Demonstrações Contábeis e conheça sem embaraços a estrutura de cada uma delas.

Esses conhecimentos você encontra nos volumes 1 (*Noções de Contabilidade*), 2 (*Noções de Contabilidade Comercial*) e 3 (Noções de Demonstrações Contábeis) desta série.

> **nota**
>
> - É importante destacar, neste momento, que as Demonstrações Contábeis são também denominadas **demonstrações financeiras** ou, ainda, **relatórios contábil-financeiros**. Portanto, neste livro, poderemos utilizar qualquer uma dessas três denominações, pois elas significam a mesma coisa.

Se você tem familiaridade com os elementos que compõem um Balanço e conhece a origem e a finalidade de cada um deles, encontrará facilidade para analisá-lo e para emitir opiniões que, certamente, trarão resultados positivos aos objetivos pretendidos.

Assim como um líder obtém êxito ao proferir uma palestra acerca de um assunto que domina bem, também o analista contábil obterá resultados satisfatórios quando tiver conhecimento da composição estrutural da demonstração que pretende analisar.

As Demonstrações Contábeis são peças elaboradas com dados extraídos dos registros contábeis da entidade. Por esse motivo, repetimos que, para analisá-las, é preciso que você conheça em detalhes os elementos que as compõem. Desse modo, quanto maior for seu conhecimento de Contabilidade, mais facilidade terá para analisar, interpretar e emitir opiniões sobre essas peças.

Justifica-se, então, que se ensine a análise de Balanços ao estudante de Contabilidade somente depois de ministrar-lhe as noções básicas da Contabilidade.

Ao fazer um curso de Contabilidade com duração de quatro anos, por exemplo, você estudará, entre outras matérias:

- no 1º ano: Contabilidade Básica;
- no 2º ano: Contabilidade Comercial ou Intermediária;
- no 3º ano: Análise de Balanços.

A estrutura do ensino da Contabilidade fundamenta-se nessas três disciplinas. A ordem em que as apresentamos compõe a sequência lógica e ideal para a aprendizagem.

É evidente que, simultaneamente à Contabilidade Comercial ou Intermediária e à Análise de Balanços, você estudará outros ramos da Contabilidade, como a Contabilidade de Custos, a Contabilidade Pública, a Contabilidade Bancária etc.

---

[1] Tradicionalmente conhecido como **analista de balanços** ou **analista contábil**.

Noções de Análise de Demonstrações Contábeis

Assim, considerando que você já cumpriu as duas etapas anteriores do estudo da Contabilidade e que domina bem os mecanismos contábeis, certamente não encontrará dificuldades para aprender e desenvolver mais essa matéria.

A análise de balanços inicia-se a partir das Demonstrações Contábeis, das quais o analista coleta dados, adequando-os aos cálculos de quocientes, índices ou coeficientes, que serão posteriormente interpretados.

O analista de Demonstrações Contábeis não é vidente. O que ele faz é analisar dados concretos aplicando fórmulas de acordo com sua experiência contábil e, a partir disso, é capaz de avaliar o presente com base no passado e projetar o futuro, fundamentando-se sempre no desempenho dos últimos períodos analisados.

A tarefa do analista contábil começa quando termina a tarefa do contador (considerando, nesse contexto, que o contador seja o profissional responsável pela escrituração, pela apuração de resultados e pela elaboração das Demonstrações Contábeis).

Você já sabe que o processo contábil se inicia com a ocorrência dos Fatos Administrativos na entidade. A partir desses fatos, apoiado em documentos idôneos, o contabilista efetua os registros nos livros próprios, encerrando o processo contábil com a apuração do Resultado do Exercício e com a elaboração das Demonstrações Contábeis.

PROCESSO CONTÁBIL

↓

Início

↓

Fatos fundamentados em documentos idôneos
- Compras/Vendas
- Pagamentos
- Recebimentos (documentos idôneos)

↓

Escrituração
- Diário
- Razão
- Caixa
- Contas-correntes

↓

Apuração do Resultado

↓

Final

Demonstrações
- Balanço Patrimonial
- Demonstração do Resultado do Período
- Demonstração de Lucros ou Prejuízos Acumulados
- Demonstração do Resultado Abrangente
- Demonstração das Mutações do Patrimônio Líquido
- Demonstração dos Fluxos de Caixa
- Demonstração do Valor Adicionado

O processo contábil encerra-se com a elaboração das Demonstrações Contábeis. Já o trabalho do analista de Demonstrações Contábeis começa a partir dessas demonstrações elaboradas pelo setor de Contabilidade. Ele as analisa e as interpreta para apresentar informações a respeito das conclusões obtidas na respectiva análise.

Assim, com base nas Demonstrações Contábeis, o analista efetua o exame e a coleta de dados, transformando-os em quocientes, coeficientes etc., analisa-os e interpreta-os, chegando às conclusões que são apresentadas por meio de relatórios.

ANÁLISE DE DEMONSTRAÇÕES CONTÁBEIS

Início

Exame e Padronização
- Balanço Patrimonial
- Demonstração do Resultado do Período
- Demonstração de Lucros ou Prejuízos Acumulados
- Demonstração do Resultado Abrangente
- Demonstração das Mutações do Patrimônio Líquido
- Demonstração dos Fluxos de Caixa
- Demonstração do Valor Adicionado

Coleta de Dados
- Extração de valores das Demonstrações Contábeis, como total do Ativo Circulante, do Patrimônio Líquido, das Vendas Líquidas etc.

Cálculo dos Indicadores
- Quocientes
- Coeficientes
- Números-índices

Interpretação dos Quocientes
- Interpretação isolada e conjunta

Análise Vertical/Horizontal
- Análise e interpretação de coeficientes e números-índices

Comparação com Padrões
- Cálculos e comparações

Conclusões
- Elaboração de relatórios inteligíveis por leigos

Concluímos, então, que a análise de Balanços pode ser realizada em sete etapas:

1. exame e padronização das Demonstrações Contábeis;
2. coleta de dados;
3. cálculo dos indicadores: quocientes, coeficientes e números-índices, mediante a aplicação de fórmulas já consagradas;
4. interpretação dos quocientes;

5. análise vertical/horizontal;
6. comparação com padrões;
7. elaboração de relatórios inteligíveis por leigos.

Essas etapas do processo de análise de Demonstrações Contábeis serão estudadas passo a passo nos capítulos 3 a 7 deste livro.

O processo de análise encerra-se com a elaboração do relatório, documento por meio do qual o analista apresenta ao usuário da análise as conclusões obtidas.

É importante salientar que, embora as etapas do processo de análise aqui apresentadas possam ser aplicadas na análise de qualquer tipo de entidade, os resultados deverão sempre ser interpretados individualmente, em função de cada situação particular. Vários profissionais podem efetuar análises com base nos mesmos dados e chegar a conclusões diferentes. Assim, para realizar um bom trabalho, é importante que o analista conheça bem a entidade objeto da análise, sua história, seus métodos de trabalho, seus objetivos e metas.

É importante, ainda, que o analista conheça o comportamento dos concorrentes, a política econômica do país e os mercados interno e externo em que atua a entidade e obtenha o máximo de informações possíveis a respeito da movimentação do Patrimônio dessa entidade. Somente assim poderá avaliar o presente em função do passado e projetar tendências futuras, sempre fundamentado em situações já ocorridas.

1.2 Conceito

A **Análise de Demonstrações Contábeis**, tradicionalmente conhecida por Análise de Balanços, é uma técnica contábil que consiste no exame e na interpretação dos dados contidos nas Demonstrações Contábeis, com o fim de transformar esses dados em informações úteis aos diversos usuários da Contabilidade.

Por meio da análise de Demonstrações Contábeis, é possível aquilatar a situação econômica e a situação financeira da entidade. Essa técnica contábil não se limita ao Balanço Patrimonial, alcançando também as demais Demonstrações Contábeis.

A análise da situação econômica é feita com base nos elementos integrantes da Demonstração do Resultado do Exercício (DRE)[2], pelo estudo e pela interpretação do resultado alcançado pela movimentação do patrimônio. Essa análise possibilita conhecer a rentabilidade obtida pelo capital investido na entidade.

Por sua vez, a análise da situação financeira é feita com base nos dados constantes do Balanço Patrimonial. Ela permite conhecer o grau de endividamento, bem como a existência ou não de solvência suficiente para que a entidade possa cumprir seus compromissos de curto e de longo prazos.

A análise de Demonstrações Contábeis pode ser interna ou externa. A análise interna é aquela realizada dentro da entidade por seus próprios empregados, e visa oferecer informações aos administradores e diretores, auxiliando-os nas tomadas de decisão.

Por pertencerem à própria entidade objeto da análise, os analistas não encontram dificuldades para coletar os dados necessários visando realizar suas tarefas, tendo, inclusive, acesso aos controles internos. Por isso, a análise interna é considerada a mais completa.

---

[2] Também denominada **Demonstração do Resultado do Período (DRP)**.

A análise externa é aquela realizada fora da entidade objeto da análise e tem como finalidade informar aos interessados acerca da situação econômica ou da estabilidade da entidade para a concretização de negócios, como investimentos, concessões ou obtenções de créditos e financiamentos, compras, vendas etc. É efetuada por profissional externo, em geral, pertencente às entidades interessadas no resultado da análise. Nesse caso, o analista tem em mãos somente as Demonstrações Contábeis publicadas pela entidade, além de alguns esclarecimentos adicionais, constantes dos relatórios ou das notas explicativas que acompanham as respectivas demonstrações.

1.3 Finalidade

A finalidade da análise de Demonstrações Contábeis, portanto, é transformar os dados extraídos das Demonstrações Contábeis em informações úteis para a tomada de decisões por parte das pessoas interessadas.

Historicamente, foram os bancos os primeiros a se interessar pela análise de Demonstrações Contábeis.

Atualmente, são muitos os usuários que recorrem a ela, seja para conhecer a rentabilidade do Capital investido nas entidades e o grau de solvência para o cumprimento de suas obrigações, seja para avaliar o desempenho das entidades, de acordo com interesses específicos.

Veja alguns exemplos:

Bancos: interessam-se em conhecer a capacidade econômica e financeira das entidades com as quais se relacionam. A partir da análise dos montantes e dos prazos de vencimento dos direitos e das obrigações, podem verificar o grau de endividamento e a possibilidade de essas entidades cumprirem seus compromissos de curto e de longo prazos. Por isso, quando uma entidade solicita empréstimo, o banco geralmente submete suas Demonstrações Contábeis a uma intensa análise. Quanto maior o crédito solicitado, mais minuciosa será a análise efetuada pelo banco.

- **Fornecedores:** precisam conhecer a capacidade de pagamento e o grau de liquidez de seus clientes, que, por sua vez, devem também analisar a situação econômica e financeira de seus fornecedores, para estarem seguros de que eles terão condições de cumprir os contratos a serem firmados.
- **Administradores:** a ninguém mais que aos próprios administradores interessa conhecer a situação econômica e financeira das empresas que administram.

  O administrador que posicionar bem sua empresa em relação aos concorrentes, comparando sua rentabilidade com o padrão do grupo em que estiver enquadrado, conseguirá precaver-se e evitar surpresas desagradáveis, como a perda ou a redução de sua participação no mercado.

  Conhecendo bem o desempenho de suas empresas, os administradores sabem antecipadamente o que fornecedores e bancos poderão concluir sobre sua liquidez e sua rentabilidade, e isso lhes permite adiantar-se e tomar providências para melhorar a imagem da empresa. A análise meticulosa do desempenho presente, o diagnóstico do passado e o prognóstico poderão levar os administradores a tomar providências para melhorar sua liquidez e sua rentabilidade ou a decidir sobre a necessidade, ou não, de efetuar novos investimentos e de oferecer maiores prazos para os clientes.

Para os administradores, a análise das Demonstrações Contábeis é um instrumento auxiliar de grande importância nas tomadas de decisão.

- **Público investidor:** as pessoas físicas e jurídicas que costumam investir no mercado de capitais por meio da compra de ações[3] ou cotas[4], antes de optar pela compra de ações ou cotas desta ou daquela empresa, devem efetuar, por si ou por intermédio das corretoras de valores, uma minuciosa análise de Demonstrações Contábeis das empresas nas quais pretendem investir. O maior interesse dos investidores recai sobre o conhecimento da rentabilidade e do retorno do capital investido, embora existam outros aspectos de importância, como aqueles relacionados à valorização ou à desvalorização das ações.
- **Sindicatos de classe:** para salvaguardar o desempenho das empresas filiadas, também os sindicatos de classe devem analisar as Demonstrações Contábeis de empresas de determinados setores, a fim de estabelecer padrões que possam servir de guia para a tomada de decisão por parte das empresas interessadas.
- **Governo:** para o Governo, a análise das Demonstrações Contábeis apresenta muitas vantagens. Nas concorrências públicas, quando estiver diante de duas ou mais empresas que tenham atendido satisfatoriamente às exigências dos editais, o Governo decidirá sempre pela empresa que apresentar melhor situação financeira. Poderá, além disso, acompanhar o desempenho da vencedora para verificar se ela terá condições de cumprir os compromissos assumidos. E é por meio da análise das Demonstrações Contábeis que o Governo acompanha o desempenho da economia do país, comparando empresas de acordo com as categorias econômicas. Para o Governo, é importante saber, também, como anda a rentabilidade das empresas públicas, pois são do interesse de toda a coletividade. A partir da análise conjunta ou individual de Demonstrações Contábeis de todos os tipos de empresas por ramo de atividade, o Governo consegue saber como o setor está se desenvolvendo, os problemas que atravessa etc.

Enfim, a cada dia aumenta o número de pessoas interessadas na análise de Demonstrações Contábeis, pois, na maioria dos casos, uma boa análise da situação econômica e financeira do correntista, do fornecedor, do cliente, da própria empresa etc. poderá evitar a ocorrência de situações desagradáveis, como:

- o correntista, por falta de liquidez, deixar de saldar seus compromissos com os bancos, causando-lhes sérios problemas de caixa;
- os fornecedores deixarem de cumprir prazos, atrasando a entrega de mercadorias, produtos e serviços, podendo, com isso, provocar transtornos aos clientes;
- empresas vencedoras de concorrências públicas deixarem de cumprir suas obrigações, não fornecendo mercadorias ou deixando de construir obras e acarretando, assim, problemas para o erário público;
- empresas deixarem de fabricar produtos a preços competitivos, perdendo mercado para concorrentes etc.

---

[3] **Ações:** títulos representativos do capital de sociedades constituídas sob a forma jurídica de sociedades por ações ou companhias.

[4] **Cotas:** títulos representativos do capital de sociedades constituídas sob a forma jurídica de sociedades por quota de responsabilidade limitada.

Por todos esses motivos, podemos afirmar que a análise das Demonstrações Contábeis constitui um instrumento indispensável para administradores, fornecedores, clientes, gerentes de bancos, investidores, gerentes de corretoras de valores e, inclusive, para o Governo.

Atividades Teóricas

1. **Responda:**
   1.1 O que é análise de Demonstrações Contábeis?
   1.2 Qual é a finalidade da análise de Demonstrações Contábeis?
   1.3 A diretoria da Indústria Química Serra da Estrela S/A convocou seu engenheiro de produção para efetuar análise nos Balanços da companhia referentes a três exercícios. A atitude da diretoria dessa entidade está correta? Por quê?
   1.4 Em que consiste a função do analista de Demonstrações Contábeis?
   1.5 A análise de Demonstrações Contábeis pode ser feita em sete etapas. Quais são?
   1.6 Cite alguns conhecimentos que o analista de Demonstrações Contábeis precisa ter para efetuar uma boa análise.
   1.7 Como começa e como termina o processo contábil?
   1.8 Como começa e como termina o processo de análise de Demonstrações Contábeis?
   1.9 Cite alguns usuários da análise de Demonstrações Contábeis.

2. **Identifique as alternativas corretas:**
   2.1 As Demonstrações Contábeis também podem ser denominadas:
      a) Relatórios Financeiros.
      b) Demonstrações Financeiras.
      c) Relatórios Contábeis.
      d) Balanços.
      e) Todas as alternativas anteriores estão corretas.

   2.2 A análise das Demonstrações Contábeis baseia-se:
      a) em comprovantes das ocorrências dos fatos administrativos.
      b) no contrato de constituição da entidade.
      c) nas Demonstrações Contábeis.
      d) nas ocorrências de entrada e saída de caixa.
      e) Todas as alternativas anteriores estão incorretas.

   2.3 Em análise de Demonstrações Contábeis, embora existam fórmulas já consagradas, é preciso considerar, ainda:
      a) que todas as entidades são iguais.
      b) a individualidade de cada entidade.
      c) que todas as entidades do mesmo ramo apresentam os mesmos resultados.
      d) As alternativas "a" e "c" estão corretas.
      e) Todas as alternativas anteriores estão incorretas.

2.4 A análise das Demonstrações Contábeis abrange:
- a) somente o Balanço Patrimonial.
- b) somente a Demonstração do Resultado do Período.
- c) Todas as Demonstrações Contábeis.
- d) As alternativas "b" e "c" estão corretas.
- e) Todas as alternativas anteriores estão incorretas.

2.5 A análise de Demonstrações Contábeis ajuda o usuário a:
- a) conhecer o lucro da entidade.
- b) conhecer somente a situação econômica da entidade.
- c) conhecer somente a situação financeira da entidade.
- d) Todas as alternativas anteriores estão incorretas.
- e) As alternativas "a" e "b" estão corretas.

2.6 A análise da situação econômica é feita com base:
- a) no Balanço Patrimonial.
- b) na Demonstração do Resultado do Período.
- c) na Demonstração de Lucros ou Prejuízos Acumulados.
- d) no Fluxo de Caixa.
- e) Todas as alternativas anteriores estão incorretas.

2.7 A análise da situação financeira é feita com base:
- a) no Balanço Patrimonial.
- b) na Demonstração do Resultado do Período.
- c) na Demonstração de Lucros ou Prejuízos Acumulados.
- d) na Demonstração das Mutações do Patrimônio Líquido.
- e) As alternativas "b" e "c" estão corretas.

2.8 O grau de endividamento e a existência ou não de solvência da entidade são conhecidos por meio:
- a) da análise econômica.
- b) da análise financeira.
- c) da análise do Ativo.
- d) da Demonstração Contábil.
- e) Todas as alternativas anteriores estão corretas.

2.9 A rentabilidade do capital investido na entidade pode ser conhecida por meio:
- a) da análise econômica.
- b) da análise financeira.
- c) da análise do Passivo.
- d) da análise do Ativo.
- e) Todas as alternativas anteriores estão incorretas.

INTRODUÇÃO À ANÁLISE DE DEMONSTRAÇÕES CONTÁBEIS

2.1 Início do processo

O processo de Análise das Demonstrações Contábeis começa quando termina o processo contábil.

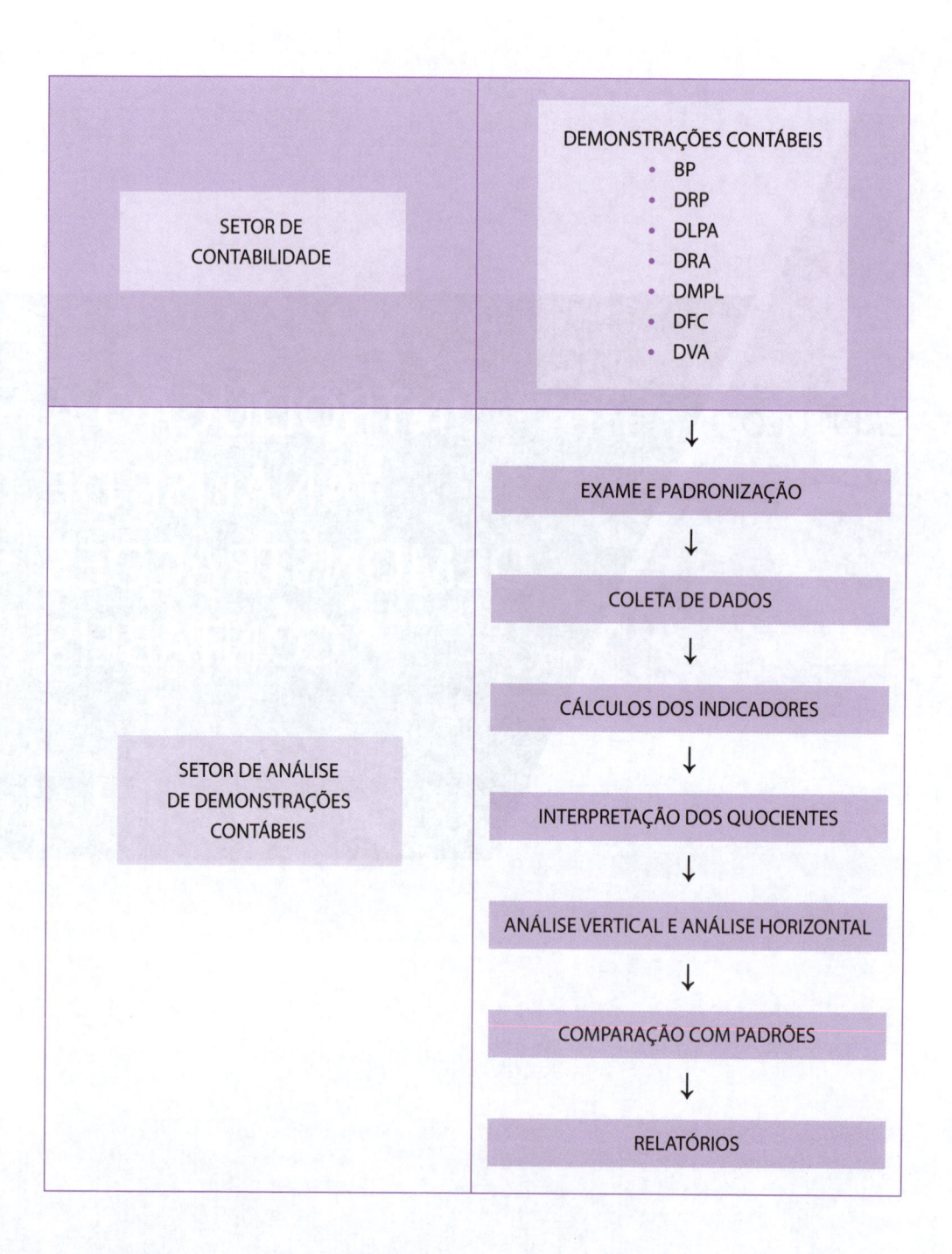

Conforme vimos anteriormente, o trabalho do analista começa quando termina o trabalho do contador.

De posse das Demonstrações Contábeis, o analista vai decompô-las por meio do exame minucioso de cada uma das contas que compõem essas demonstrações, transcrevendo-as em mapas padronizados, a fim de facilitar o processo de análise. Além disso, o analista coletará dados, escolherá os indicadores apropriados para a obtenção dos resultados pretendidos, efetuará os cálculos de quocientes, coeficientes e números-índices e interpretará isolada e conjuntamente esses dados, comparando-os com padrões, para, finalmente, apresentar suas conclusões na forma de relatórios.

2.2 Etapas do processo de análise

Conforme você pôde observar na figura apresentada na página 24, o Processo de Análise pode ser desenvolvido em sete etapas:

- **1ª etapa – exame e padronização das Demonstrações Contábeis (ou financeiras):** Balanço Patrimonial, Demonstração do Resultado do Exercício (ou Demonstração do Resultado do Período), Demonstração de Lucros ou Prejuízos Acumulados, Demonstração das Mutações do Patrimônio Líquido, Demonstração dos Fluxos de Caixa e Demonstração do Valor Adicionado.
- **2ª etapa – coleta de dados:** extração de valores das demonstrações financeiras, como total do Ativo Circulante, total do Ativo Fixo, total do Patrimônio Líquido, valor das Vendas Líquidas etc.
- **3ª etapa – cálculos dos indicadores:** quocientes, coeficientes e números-índices.
- **4ª etapa – interpretação de quocientes:** interpretação isolada e conjunta.
- **5ª etapa – análise vertical/horizontal:** interpretação isolada e conjunta de coeficientes e números-índices.
- **6ª etapa – comparação com padrões:** cálculos e comparações com quocientes-padrão.
- **7ª etapa – relatórios:** apresentação das conclusões da análise em forma de relatórios inteligíveis por leigos.

2.3 Processos de análise

2.3.1 Conceito

Processos de Análise são técnicas utilizadas pelos analistas contábeis para a obtenção de conclusões acerca da situação econômica e financeira da entidade ou de outros aspectos relacionados ao patrimônio, de acordo com os interesses dos usuários dos resultados da análise.

2.3.2 Finalidade

Por meio de estudos e interpretações de dados extraídos das Demonstrações Contábeis, a Análise de Demonstrações Contábeis tem como finalidade prestar informações sobre a situação econômica e financeira da entidade, para que as pessoas interessadas possam tomar decisões.

Para alcançar essa meta, o analista tem à sua disposição várias técnicas que podem ser utilizadas isoladamente ou em conjunto, conforme o grau de detalhamento das informações que se pretende obter.

2.3.3 Principais processos de análise

Os principais processos de análise, também conhecidos como **técnicas de análise**, são:

a) **Análise propriamente dita:** consiste em um exame minucioso abrangendo cada uma das contas que compõem a demonstração financeira objeto da análise.
Por meio desse processo, o analista decompõe os fenômenos patrimoniais, familiarizando-se com pormenores que envolvem a composição de cada conta, bem como de seus respectivos grupos.

b) **Análise por quocientes:** é o estudo comparativo entre grupos de elementos das demonstrações financeiras por meio de índices, visando conhecer a relação entre cada um dos grupos do conjunto.

c) **Análise vertical:** consiste na determinação da porcentagem de cada conta ou do grupo de contas em relação a seu conjunto. Esse processo é também conhecido como **Análise por Coeficientes**.

d) **Análise horizontal:** comparação feita entre componentes do conjunto em vários exercícios, por meio de números-índices, visando à avaliação ou ao desempenho de cada conta ou grupo de contas ao longo dos períodos analisados.

e) **Comparação com padrões:** consiste na comparação entre quocientes, coeficientes e números-índices correspondentes às demonstrações de uma entidade com os padrões obtidos por meio do comportamento de um grupo de entidades do mesmo ramo.

2.4 Estática e dinâmica patrimonial

Antes de estudarmos cada um dos processos de análise relacionados na seção anterior, é importante saber que aos usuários das Demonstrações Contábeis interessa conhecer, principalmente, duas situações envolvendo o patrimônio: a situação econômica e a situação financeira.

A situação econômica envolve o rendimento que o capital aplicado na empresa proporciona a seus investidores, ao passo que a situação financeira envolve a capacidade da empresa de poder saldar os compromissos assumidos junto a terceiros (isto é, sua liquidez).

A situação financeira da empresa é evidenciada por meio do Balanço Patrimonial (estática patrimonial), e a situação econômica, por sua vez, é ressaltada pela Demonstração do Resultado do Período ou Demonstração do Resultado do Exercício (dinâmica patrimonial).

2.4.1 Estática Patrimonial

Ao examinar um Balanço Patrimonial, visualizamos o conjunto de elementos, representativos dos bens, dos direitos, das obrigações e do Patrimônio Líquido, que compõem o patrimônio da entidade em determinado momento.

Você já sabe que o Passivo mostra a origem dos capitais que estão à disposição da empresa e que o Ativo mostra em que esses capitais foram aplicados.

Os Investimentos efetuados no Ativo em bens circulantes (Disponibilidades, Contas a Receber, Estoques etc.) e em bens não circulantes (Móveis e Utensílios, Veículos, Equipamentos etc.) devem ser efetuados em proporções adequadas ao ramo de atividade da empresa. Os investimentos no Ativo Não Circulante efetuados por uma empresa de transporte coletivo, por exemplo, são bem maiores que os investimentos efetuados por uma empresa comercial que consegue gerir seu negócio com poucos bens de uso.

Em contrapartida, deve haver também uma proporção adequada entre os capitais próprios e os capitais de terceiros investidos na empresa.

Enfim, a comparação desses e de outros dados, como a relação entre o Ativo Circulante e o Passivo Circulante, entre o Ativo Circulante mais o Realizável a Longo Prazo e o Passivo Circulante mais o Exigível a Longo Prazo, pode ser analisada por meio do Balanço Patrimonial.

Veja o seguinte Balanço Patrimonial:

ENTIDADE: Comercial Miami S/A BALANÇO PATRIMONIAL EXERCICIO FINDO EM: 31.12.X1			
ATIVO		**PASSIVO**	
ATIVO CIRCULANTE		PASSIVO CIRCULANTE	
• Caixa	2.000	• Fornecedores	7.000
• Clientes	8.000	• Contas a Pagar	2.000
• Estoques	10.000		
TOTAL	20.000	TOTAL	9.000
ATIVO NÃO CIRCULANTE		PATRIMÔNIO LÍQUIDO	
• Computadores	2.000	• Capital	15.000
• Móveis e Utensílios	5.000	• Reservas para Investimentos	3.000
TOTAL	7.000	TOTAL	18.000
TOTAL DO ATIVO	27.000	TOTAL DO PASSIVO	27.000

Veja como a situação estática do Patrimônio fornece dados para interpretação:

- O capital total à disposição da empresa é de $ 27.000, sendo que $ 18.000 (66,66%) correspondem a capitais próprios e $ 9.000 (33,33%) correspondem a capitais de terceiros.
- Os capitais próprios estão assim compostos:
  a) financiados pelos titulares = $ 15.000 (83,33%);
  b) decorrentes da evolução normal da empresa = $ 3.000 (16,66%).
- Os capitais de terceiros, no valor de $ 9.000, correspondem a débitos decorrentes do funcionamento normal da empresa – Fornecedores (compras de mercadorias a prazo) e Contas a Pagar (obrigações normais, como impostos, energia elétrica, água, salários, aluguéis etc.).
- Os capitais totais à disposição da empresa foram aplicados no Ativo da seguinte maneira:
  a) no Ativo Não Circulante, em bens de uso, $ 7.000, que equivalem a 25,92%;
  b) no Ativo Circulante – capital circulante –, foram aplicados $ 20.000, que correspondem a 74,08%.
- O Ativo Não Circulante corresponde a 38,88% do capital próprio, o que significa que 61,22% desse Capital foram aplicados no Ativo Circulante.

- O Ativo Circulante, que é de $ 20.000, teve a seguinte origem:
  a) $ 9.000 foram financiados com recursos de terceiros, pagáveis em curto prazo (Passivo Circulante), o que corresponde a 45%;
  b) $ 11.000 foram financiados com recursos próprios (diferença entre o Patrimônio Líquido e o Ativo Não Circulante), correspondendo a 55%.
- O Ativo Circulante, que é de $ 20.000, corresponde a mais de 100% do Passivo Circulante, que totaliza $ 9.000.
- Dos $ 10.000 de estoques, 70% foram comprados a prazo, pois há dívida a fornecedores no valor de $ 7.000.
- Os valores a receber de clientes, que são de $ 8.000, quase empatam com os valores a pagar a fornecedores.

Além desses, outros dados poderão ser extraídos do Balanço Patrimonial para fins de análise. A interpretação será estudada nos capítulos seguintes.

2.4.2 Dinâmica Patrimonial

A demonstração contábil que melhor espelha a situação dinâmica do Patrimônio é a Demonstração do Resultado do Exercício (ou Demonstração do Resultado do Período).

Por meio das contas que compõem a Demonstração do Resultado do Exercício, podemos visualizar as variações, ocorridas durante o exercício, que provocaram aumentos ou diminuições no Patrimônio Líquido.

Conforme já dissemos, a análise das variações patrimoniais permite aquilatar a rentabilidade obtida com o Capital investido na empresa.

Observe a seguinte Demonstração do Resultado do Exercício:

ENTIDADE: Comercial Miami S/A DEMONSTRAÇÃO DO RESULTADO DO EXERCÍCIO EXERCÍCIO FINDO EM: 31.12.X1	
DESCRIÇÃO	$
1. Receita Operacional Líquida • Vendas Líquidas	30.000
2. Custo das Mercadorias Vendidas	(12.000)
3. Lucro Bruto	18.000
4. Despesas Operacionais • Despesas com Vendas • Despesas Financeiras • Despesas Gerais e Administrativas	(5.000) (1.000) (8.000)
5. Lucro Operacional	4.000
6. Tributos sobre o Lucro Líquido	(1.000)
7. Lucro Líquido do Exercício	3.000

Veja como a situação dinâmica do patrimônio permite a extração de vários dados para serem interpretados:

- O Custo das Mercadorias Vendidas, que foi de $ 12.000, corresponde a 40% da Receita com Vendas.
- O Lucro Bruto, que foi de $ 18.000, corresponde a 60% da Receita com Vendas.
- As Despesas com as Vendas, que foram de $ 5.000, correspondem a 16,66% da Receita com Vendas.
- As Despesas Financeiras, que foram de $ 1.000, correspondem a 3,33% da Receita com Vendas.
- As Despesas Gerais e Administrativas, que foram de $ 8.000, correspondem a 26,66% da Receita com Vendas.
- O Lucro Operacional, que foi de $ 4.000, corresponde a 13,33% da Receita com Vendas.
- O Lucro Líquido do Exercício, que foi de $ 3.000, corresponde a 10% da Receita com Vendas.

Comparando os dados constantes da dinâmica com os da estática patrimonial, poderemos obter outros dados:

- A Receita Líquida de Vendas, que foi de $ 30.000, corresponde a 200% do valor do Capital Social da empresa, que é de $ 15.000.
- O Lucro Bruto do Exercício corresponde a 120% do Capital Social.
- O Lucro Líquido do Exercício, que foi de $ 3.000, corresponde a 20% do Capital Social. Se a empresa obtiver, a cada ano, Lucro Líquido correspondente a 20% do Capital Social, no final de cinco anos ela conseguirá dobrar o valor do Capital investido pelos sócios (5 anos × 20% = 100%). Isso equivale a dizer que, em cinco anos, os sócios obterão de volta o valor do Capital que investiram na empresa.

A interpretação desses dados será estudada nos capítulos seguintes.

Atividades Teóricas

1. **Responda:**
   1.1 Faça um breve comentário acerca das tarefas do analista de Demonstrações Contábeis.
   1.2 Dois empresários dispunham de $ 100.000 para constituir seus negócios. O empresário A investiu no ramo industrial e aplicou 70% de seu capital no Ativo Não Circulante, ao passo que o empresário B investiu em uma empresa comercial e aplicou apenas 30% de seu capital no Ativo Não Circulante. É comum as empresas industriais investirem mais capital no Ativo Não Circulante que as empresas comerciais? Explique o porquê.

2. **Classifique as afirmativas em falsas (F) ou verdadeiras (V):**

2.1 ( ) O processo de análise que consiste na comparação entre componentes do conjunto em vários exercícios, por meio dos números-índices, visando à avaliação do desempenho de cada conta ou grupo de contas ao longo dos períodos analisados, denomina-se análise horizontal.

2.2 ( ) O processo de análise que consiste na comparação entre quocientes, coeficientes e números-índices, com índices-padrão, denomina-se análise por quocientes.

3. **Escolha a alternativa correta:**

3.1 Identifique com C as tarefas próprias do setor de contabilidade e com A, as tarefas próprias do setor de análise de Demonstrações Contábeis:

a) ( ) Escrituração de fatos administrativos.

b) ( ) Comparação com padrões.

c) ( ) Cálculos dos indicadores.

d) ( ) Elaboração de Balancete.

e) ( ) Elaboração de Demonstrações Contábeis.

f) ( ) Exame e padronização de Demonstrações Contábeis.

g) ( ) Análise vertical/horizontal.

h) ( ) Elaboração de relatórios inteligíveis por leigos.

i) ( ) Apuração do resultado do exercício.

3.2 Extrair valores das Demonstrações Contábeis para fins de análise é tarefa que corresponde à seguinte etapa do processo de análise:

a) exame e padronização.

b) coleta de dados.

c) cálculo dos indicadores.

d) interpretação de quocientes.

e) análise vertical.

3.3 O exame minucioso de cada uma das contas que compõem as Demonstrações Contábeis e da transcrição dos dados das Demonstrações Contábeis originais para demonstrações padronizadas é tarefa realizada na seguinte etapa de análise:

a) exame e padronização.

b) coleta de dados.

c) cálculo dos indicadores.

d) interpretação dos quocientes.

e) as alternativas "a" e "c" estão corretas.

3.4 Os quocientes, os coeficientes e os números-índices são calculados por meio da seguinte etapa do processo de análise:

a) exame e padronização.

b) coleta de dados.

c) interpretação de quocientes.

d) comparação com padrão.

e) cálculo dos indicadores.

3.5 A interpretação dos coeficientes e dos números-índices corresponde à seguinte etapa do processo de análise:

a) exame e padronização.

b) cálculo de indicadores.

c) interpretação de quocientes.

d) análise vertical.

e) análise horizontal.

3.6 A comparação entre os quocientes encontrados e os quocientes-padrão é tarefa que corresponde à seguinte etapa do processo de análise:

a) elaboração de relatórios.

b) interpretação de quociente.

c) análise vertical.

d) comparação com padrão.

e) processo contábil.

3.7 As técnicas utilizadas pelos analistas de Demonstrações Contábeis que visam à obtenção de conclusões acerca da situação econômica e financeira de uma entidade correspondem a:

a) análise por quociente.

b) processo contábil.

c) processo de análise.

d) elaboração de relatórios.

e) análise vertical/horizontal.

3.8 São processos de análise:

a) exame, padronização e elaboração de Demonstrações Contábeis.

b) comparação com padrões, elaboração de relatórios e apuração de resultados.

c) análise por quocientes, análise vertical e análise horizontal.

d) análise vertical/horizontal e elaboração de Demonstrações Contábeis.

e) as alternativas "a" e "d" estão corretas.

3.9 O processo de análise que consiste no estudo comparativo entre grupos de elementos das Demonstrações Contábeis, por meio de índices, a fim de conhecer a relação existente entre cada um dos grupos do conjunto, denomina-se:

a) exame e padronização.

b) análise por quocientes.

c) análise vertical.

d) análise horizontal.

e) as alternativas "c" e "d" estão corretas.

3.10 O processo de análise que consiste na determinação da porcentagem de cada conta ou de grupo de contas em relação a seu conjunto denomina-se:

a) exame e padronização.

b) análise por quocientes.

c) análise vertical.

d) análise horizontal.

e) análise por quocientes e análise vertical.

Prática 1

CONTAS	$
ENTIDADE: Comercial Tóquio S/A	
BALANÇO PATRIMONIAL	
EXERCÍCIO FINDO EM: 31.12.X1	
ATIVO	
ATIVO CIRCULANTE	
• Caixa	2.000
• Clientes	8.000
• Estoques	20.000
TOTAL DO ATIVO CIRCULANTE	30.000
ATIVO NÃO CIRCULANTE	
• Computadores	13.000
• Móveis e Utensílios	3.000
• Máquinas e Equipamentos	24.000
TOTAL DO ATIVO NÃO CIRCULANTE	40.000
TOTAL DO ATIVO	70.000
PASSIVO	
PASSIVO CIRCULANTE	
• Fornecedores	22.000
• Contas a Pagar	13.000
TOTAL DO PASSIVO CIRCULANTE	35.000
PASSIVO NÃO CIRCULANTE	
PASSIVO EXIGÍVEL A LONGO PRAZO	
• Empréstimos	10.000
PATRIMÔNIO LÍQUIDO	
• Capital	20.000
• Reservas para Investimentos	5.000
TOTAL DO PATRIMÔNIO LÍQUIDO	25.000
TOTAL DO PASSIVO	70.000

Analise o Balanço Patrimonial apresentado e faça um breve comentário envolvendo origem e aplicação dos capitais, composição dos capitais próprios e dos capitais de terceiros e a proporção dos capitais próprios e dos capitais de terceiros investidos no Ativo Circulante e no Ativo Fixo.

Prática 2

ENTIDADE: Comercial Londres S/A DEMONSTRAÇÃO DO RESULTADO DO PERÍODO EXERCÍCIO FINDO EM: 31.12.X1	
DESCRIÇÃO	**$**
1. Receita Operacional Líquida	110.000
2. (–) Deduções e Abatimentos	(10.000)
3. (=) Receita Líquida de Vendas	100.000
4. (–) Custo das Mercadorias Vendidas	(40.000)
5. (=) Lucro Bruto	60.000
6. (–) Despesas Operacionais	(15.000)
7. (=) Lucro Operacional	25.000
8. (–) Tributos	(7.000)
9. (=) Lucro Líquido do Exercício	18.000

Analise a Demonstração do Resultado do Período apresentada e responda:

a) Qual é o percentual do Lucro Líquido em relação às Vendas Líquidas?

b) Qual é o percentual das Despesas Operacionais em relação às Vendas Líquidas?

c) Sabendo-se que o valor do Capital investido na empresa pelos sócios foi de $ 68.000, se a empresa obtivesse o mesmo resultado líquido durante vários anos, quantos anos seriam necessários para ocorrer o retorno do capital investido pelos sócios?

EXAME E PADRONIZAÇÃO DAS DEMONSTRAÇÕES CONTÁBEIS

3.1 Introdução

O primeiro passo a ser dado pelo analista para realizar as tarefas de análise, após estar ciente das necessidades dos usuários aos quais serão dirigidos os relatórios de análise, será examinar minuciosamente cada uma das contas que compõem as Demonstrações Contábeis (financeiras) da empresa objeto de análise.

Dependendo do nível de detalhamento das informações que se pretende apresentar, o exame terá maior ou menor profundidade.

Alguns autores consideram esse processo de análise como a análise propriamente dita, pois ele compreende a decomposição de cada um dos elementos do conjunto em seus aspectos mais simples, visando à familiarização de pormenores que envolvem o conteúdo das demonstrações.

O exame minucioso dos elementos que compõem as Demonstrações Contábeis objeto de análise é imprescindível, uma vez que os saldos das contas apresentadas nas demonstrações poderão englobar, por razões de economia – no caso das demonstrações publicadas –, vários valores de elementos de uma mesma natureza.

Veja alguns exemplos:

- **Saldo da conta Caixa:** normalmente, o saldo dessa conta é composto por vales, cheques e dinheiro. É preciso saber qual é a participação dos vales no montante do saldo da conta, bem como se eles representam valores que serão ressarcidos imediatamente ou não. Também é importante conhecer as datas de vencimento dos cheques: o mais correto seria reclassificar os cheques pré-datados no grupo das Contas a Receber de Clientes.
- **Conta Bancos conta Movimento:** é importante verificar se os saldos das contas bancárias foram devidamente conciliados, qual é o número dos estabelecimentos bancários com os quais a empresa mantém contas-correntes etc.
- **Conta Aplicações de Liquidez Imediata:** deve-se verificar se correspondem a aplicações de curtíssimo prazo, se estão contabilizadas pelo valor nominal etc.
- **Conta Clientes ou Duplicatas a Receber:** é preciso examinar o percentual das vendas à vista e das vendas a prazo no volume das vendas totais; o percentual das duplicatas não recebidas; os prazos de vencimentos, bem como os valores que vencem a 15, 30, 60 ou mais dias; os descontos previstos no caso de recebimentos antecipados; a existência de vendas com reserva de domínio; a existência de títulos em carteira descontados, caucionados ou em cobrança bancária etc.
- **Conta Estoques:** normalmente, essa conta é composta por:
  a) bens destinados a venda (mercadorias e produtos acabados);
  b) bens destinados a fabricação (matérias-primas, materiais de embalagem, materiais secundários etc.);
  c) outros materiais de uso (compreendendo aqueles consumidos pelos departamentos administrativo, comercial ou de produção, como material de escritório, limpeza, combustíveis, lubrificantes etc.).

Com relação às mercadorias, é importante verificar: o método e o sistema adotado para o registro das operações (conta mista ou conta desdobrada e inventário periódico ou permanente); o critério adotado para avaliação dos estoques (PEPS, UEPS, custo médio etc.); os itens obsoletos; o percentual de cada item em relação às vendas à vista e a prazo; os itens que normalmente são negociados a prazo; estoques máximos e mínimos; prazos de rotação dos estoques etc.

- **Conta Fornecedores ou Duplicatas a Pagar:** as mesmas observações apresentadas para a conta Clientes ou Duplicatas a Receber valem também para as contas representativas de Obrigações a Fornecedores, como volume de compras; datas de vencimentos das duplicatas; percentuais de descontos para pagamentos antecipados etc.
- **Conta Reservas:** é importante verificar os valores que se referem a exercícios anteriores e os calculados no exercício atual.

Enfim, a análise minuciosa de cada conta proporciona ao analista o conhecimento de detalhes que serão de grande valia no momento da interpretação dos dados nos diferentes processos de análise (quocientes, vertical/horizontal etc.).

Para desenvolver esse processo de análise, o analista precisa ter o domínio completo da composição estrutural de cada demonstração a ser analisada.

Quando o analista de Balanços desenvolve suas tarefas tendo acesso aos controles internos da empresa objeto da análise, ele tem condições de formar uma opinião completa acerca da estrutura patrimonial da empresa; quando a análise, contudo, estiver sendo efetuada fora da empresa, e o analista tiver em mãos apenas as Demonstrações Contábeis que foram publicadas, certamente esse processo de análise ficará um pouco prejudicado, pois o analista efetuará os exames valendo-se apenas dos saldos de contas apresentados nas citadas demonstrações, das Notas Explicativas e de outras informações constantes dos relatórios que acompanham as respectivas demonstrações.

3.2 Padronização das Demonstrações Contábeis

Após conhecer as particularidades de cada uma das contas que compõem as Demonstrações Contábeis objeto da análise, o analista deverá transcrever os dados constantes dessas demonstrações para demonstrações padronizadas, com a finalidade de facilitar o desenvolvimento dos processos de análise.

A elaboração de demonstrações padronizadas para fins de análise é importante, pois as demonstrações elaboradas pelas entidades, publicadas ou não, normalmente contêm um número excessivo de contas. Essas contas, se forem analisadas na forma em que se encontram, poderão causar embaraços ao analista.

Assim, a sintetização das contas e dos grupos de contas extraídos dos grupos originais e transportados para demonstrações padronizadas agilizam o processo de análise e facilitam as tarefas dos analistas.

Quando o analista de Demonstrações Contábeis trabalha a partir de demonstrações auditadas por auditores independentes, dificilmente encontrará erros nessas peças. Entretanto, se no exame das contas forem constatados erros, intencionais ou não, sobretudo quando se tratar de demonstrações preparadas por empresas que legalmente não estejam sujeitas à auditoria, o analista deverá solicitar esclarecimentos e propor que os erros sejam corrigidos, a fim de continuar sua tarefa.

Um aspecto importante a ser verificado nesse processo de análise é o confronto entre saldos de contas das diversas Demonstrações Contábeis: se o saldo da conta Lucro ou Prejuízo Líquido do Exercício, informado na Demonstração de Lucros ou Prejuízos Acumulados, é o mesmo constante da Demonstração do Resultado do Exercício; se os valores dos tributos incidentes sobre o lucro líquido constantes no Passivo Circulante do Balanço Patrimonial são os mesmos da Demonstração do Resultado do Exercício; e se os saldos das contas do Patrimônio Líquido do Balanço Patrimonial coincidem com os respectivos saldos da Demonstração das Mutações do Patrimônio Líquido etc.

A inflação é um aspecto importante no que se refere à elaboração das demonstrações padronizadas. Se não for considerada, a perda do poder aquisitivo da moeda poderá distorcer os resultados da análise.

Para comparar saldos de contas de exercícios em cujo período tenha ocorrido inflação, é preciso convertê-los em moeda de poder aquisitivo constante. Pode-se adotar, por exemplo, o dólar americano.

Tendo em vista a natureza introdutória desta obra, por razões práticas e didáticas, deixaremos de considerar a inflação, considerando que os valores constantes das Demonstrações Contábeis objeto de análise já estejam devidamente traduzidos em valores de uma moeda de poder aquisitivo constante.

A seguir, apresentaremos, como sugestão, modelos de Demonstrações Contábeis padronizadas para facilitar a Análise de Demonstrações Contábeis.

Modelo de Balanço Patrimonial padronizado para fins de análise:

ENTIDADE: BALANÇO PATRIMONIAL PADRONIZADO EXERCÍCIO FINDO EM:		
CONTAS	**EXERCÍCIO X1**	**EXERCÍCIO X2**
ATIVO		
ATIVO CIRCULANTE		
Financeiro		
• Disponibilidades		
Total do Ativo Circulante Financeiro		
Operacional		
• Contas a Receber de Clientes		
• Estoques		
• Outros Direitos de Curto Prazo		
Total do Ativo Circulante Operacional		
TOTAL DO ATIVO CIRCULANTE		

CONTAS	EXERCÍCIO X1	EXERCÍCIO X2
ATIVO NÃO CIRCULANTE		
Ativo Realizável a Longo Prazo		
Total do Ativo Realizável a Longo Prazo		
Investimentos		
Imobilizado		
Intangível		
TOTAL DO ATIVO FIXO		
TOTAL DO ATIVO NÃO CIRCULANTE		
TOTAL DO ATIVO		
PASSIVO		
PASSIVO CIRCULANTE		
Operacional		
• Contas a Pagar a Fornecedores		
• Outras Obrigações de Curto Prazo		
Total do Passivo Circulante Operacional		
Financeiro		
• Empréstimos		
• Duplicatas Descontadas		
Total do Passivo Circulante Financeiro		
TOTAL DO PASSIVO CIRCULANTE		
PASSIVO NÃO CIRCULANTE		
PASSIVO EXIGÍVEL A LONGO PRAZO		
EXIGÍVEL TOTAL		
PATRIMÔNIO LÍQUIDO		
Capital		
Reservas		
Ajustes de Avaliação Patrimonial		
TOTAL DO PATRIMÔNIO LÍQUIDO		
TOTAL DO PASSIVO		

Observações

▶ Na padronização, foram efetuados ajustes para melhor adequar a demonstração ao processo de análise.

▶ Não constam, na padronização, contas retificadoras, pois as contas principais já devem ser informadas com seus saldos devidamente ajustados.

▶ As contas do Ativo Circulante e do Passivo Circulante foram reclassificadas em Operacional e Financeiro.

▶ O total do grupo Receitas Diferidas, quando houver, deve ser adicionado ao grupo das Reservas de Lucros.

▶ Para facilitar a coleta de dados, é possível, no Balanço Padronizado, englobar os subgrupos Investimentos, Imobilizado e Intangível do Ativo Não Circulante em um só, que poderá receber a denominação "Ativo Fixo" ou "Ativo Não Circulante – Realizável a Longo Prazo".

Modelo de Demonstração do Resultado do Exercício padronizada para fins de análise:

DESCRIÇÃO	EXERCÍCIO X1	EXERCÍCIO X2
ENTIDADE: **DEMONSTRAÇÃO DO RESULTADO DO EXERCÍCIO PADRONIZADA** **EXERCÍCIO FINDO EM:**		
RECEITA LÍQUIDA DE VENDAS		
(–) CUSTO DAS MERCADORIAS, PRODUTOS E SERVIÇOS VENDIDOS		
(=) LUCRO BRUTO		
(–) DESPESAS OPERACIONAIS		
• Despesas com Vendas		
• Despesas Gerais e Administrativas		
• Outras Despesas Operacionais		
(+) OUTRAS RECEITAS OPERACIONAIS		
(=) RESULTADO OPERACIONAL (antes do Resultado Financeiro)		
(+) RECEITAS FINANCEIRAS		
(–) DESPESAS FINANCEIRAS		
(=) RESULTADO OPERACIONAL		
(±) OUTROS RESULTADOS		
(=) RESULTADO DO EXERCÍCIO ANTES DA TRIBUTAÇÃO		
(–) TRIBUTOS SOBRE O LUCRO LÍQUIDO		
(=) RESULTADO DO EXERCÍCIO APÓS A TRIBUTAÇÃO		
(–) PARTICIPAÇÕES		
(–) LUCRO OU PREJUÍZO LÍQUIDO DO EXERCÍCIO		

Atividades Teóricas

1. **Responda:**

    1.1 Como é composto o saldo da conta Caixa?

    1.2 Em que grupo de contas melhor se caracterizam os direitos representados por cheques pré-datados?

    1.3 Cite três aspectos importantes do exame da conta Clientes ou Duplicatas a Receber.

    1.4 Como costuma ser composta a conta Estoques?

    1.5 Cite os dois métodos e os dois sistemas que podem ser adotados para o registro das operações com mercadorias.

    1.6 O que é necessário para que o analista possa executar de maneira eficaz o processo de exame e padronização das contas?

    1.7 A análise de Demonstrações Contábeis realizada fora da empresa que está sendo analisada é menos completa do que a realizada dentro dela? Explique.

1.8 João, analista de Demonstrações Contábeis, ao efetuar o exame minucioso dos saldos das contas do Balanço Patrimonial de determinada empresa objeto de análise constatou, diante do saldo da conta Empréstimos de Longo Prazo, que era de $ 42.000, que $ 7.000 correspondiam a uma parcela vencível dentro de 150 dias. Que providências o analista deverá tomar com relação a essa irregularidade?

2. Classifique as afirmativas em falsas (F) ou verdadeiras (V):

2.1 ( ) As demonstrações padronizadas apresentadas neste capítulo são sugestões que servem exclusivamente para fins de facilitar o processo de análise de Demonstrações Contábeis.

2.2 ( ) Uma das vantagens de se utilizarem demonstrações padronizadas para fins de análise é a redução do número de contas, agilizando o processo de análise.

2.3 ( ) A conta Duplicatas Descontadas deve ser classificada no Passivo Circulante ou no Passivo Não Circulante, conforme seu prazo de vencimento, isto é, se este é inferior ou superior a um ano.

2.4 ( ) O principal objetivo da análise de Demonstrações Contábeis é procurar erros na escrituração.

3. Escolha a alternativa correta:

3.1 O exame minucioso dos elementos que compõem as Demonstrações Contábeis é importante porque visa:

a) à familiarização com as necessidades dos usuários.

b) à familiarização de pormenores que envolvem o conteúdo das demonstrações.

c) à interpretação dos dados de coeficientes para análise.

d) Todas as alternativas anteriores estão corretas.

e) As alternativas "a" e "b" estão corretas.

3.2 Os valores dos tributos e do lucro líquido do exercício constantes da Demonstração do Resultado do Período de determinado exercício deverão constar:

a) na Demonstração do Resultado Abrangente.

b) somente no Balanço Patrimonial.

c) somente na Demonstração das Mutações do Patrimônio Líquido.

d) na Demonstração do Resultado Abrangente e no Balanço Patrimonial.

e) no Balanço Patrimonial e na Demonstração das Mutações do Patrimônio Líquido.

3.3 Os valores das contas Reserva para Investimentos, Dividendos a Pagar e Reservas para Expansão apresentados na Demonstração das Mutações do Patrimônio Líquido deverão constar no Balanço Patrimonial, respectivamente, em:

a) Patrimônio Líquido e Passivo Exigível a Longo Prazo.

b) Passivo Circulante, Patrimônio Líquido e Passivo Exigível a Longo Prazo.

c) Patrimônio Líquido, Passivo Circulante e Patrimônio Líquido.

d) Passivo Circulante, Patrimônio Líquido e Passivo Circulante.

e) As alternativas "c" e "d" estão corretas.

3.4 É um dos procedimentos que possibilita a redução do número de contas no Balanço Patrimonial padronizado para fins de análise em relação ao Balanço Patrimonial elaborado nos termos das normas contábeis:

a) As contas redutoras devem ser subtraídas das respectivas contas principais.

b) Os pequenos saldos podem ser suprimidos.

c) O Ativo Circulante é dividido em Financeiro e Operacional.

d) Todas as alternativas anteriores estão corretas.

e) As alternativas "a" e "c" estão corretas.

3.5 Para fins didáticos, visando sanar o problema da inflação, nesta obra, foi adotado o seguinte critério:

a) O leitor deve considerar que todos os valores foram convertidos para uma moeda de poder aquisitivo constante.

b) O leitor deve corrigir todos os valores pelos índices oficiais de inflação.

c) O leitor deve perguntar a um professor qual indexador utilizar.

d) As alternativas "b" e "c" estão corretas.

e) Todas as alternativas anteriores estão incorretas.

ANÁLISE POR QUOCIENTES

4.1 Introdução

Este é o processo de análise mais utilizado pelos analistas de Demonstrações Contábeis, porque oferece visão global da situação econômica e financeira da empresa.

Quocientes são índices extraídos das Demonstrações Contábeis por meio de confrontos entre contas ou grupos de contas.

De acordo com o interesse do usuário ao qual será dirigido o relatório de análise, os analistas poderão extrair das Demonstrações Contábeis um número maior ou menor de quocientes para analisar.

Em geral, a análise por meio de quocientes é desenvolvida utilizando os quocientes que evidenciam o grau de endividamento, a liquidez e a rentabilidade. Entretanto, sempre que as conclusões dos analistas indicarem a necessidade de se conhecerem outros detalhes, um número maior de quocientes poderá ser extraído das Demonstrações Contábeis para ser utilizado.

A fim de obter um bom diagnóstico quanto à situação econômica e financeira de uma empresa, é aconselhável que o analista utilize um número pequeno de quocientes, evitando o acúmulo de informações. Além de sobrecarregar seu trabalho, esse acúmulo poderá levá-lo a distorções, causando-lhe sérios transtornos na formação de sua opinião.

Recomenda-se analisar a situação financeira separadamente da situação econômica, para que, em um segundo estágio, os resultados obtidos em cada uma dessas duas análises sejam conjugados, a fim de compor um quadro geral da situação patrimonial da empresa.

A situação financeira é evidenciada pelos Quocientes de Estrutura de Capitais e de Liquidez, ao passo que a situação econômica é ressaltada por meio dos Quocientes de Rentabilidade.

4.2 Interpretação de quocientes

Para obter os quocientes, basta aplicar as fórmulas próprias, que serão apresentadas a seguir, utilizando valores extraídos das Demonstrações Contábeis.

A interpretação dos quocientes pode ser feita em três etapas:

a) interpretação isolada;
b) interpretação conjunta;
c) comparação com quocientes-padrão.

Os interesses dos usuários no conhecimento do estado patrimonial das empresas são variados; assim, cabe aos analistas selecionar, da melhor maneira possível, um conjunto de quocientes que lhes permita obter os resultados desejados.

É preciso, ainda, obedecer a uma sequência lógica na interpretação isolada e em conjunto dos quocientes, visando ganhar tempo e obter melhores resultados.

Neste capítulo, elencamos, devidamente hierarquizados, os quocientes que melhor evidenciam o estado patrimonial de qualquer tipo de empresa.

Essa sequência ideal parte do conhecimento da participação dos capitais de terceiros em relação aos capitais próprios, para depois analisar os demais quocientes, gradativamente.

A observância da sequência apresentada é importante. A interpretação de um quociente completará a interpretação do quociente anteriormente analisado, dando a conhecer, com certa facilidade, a capacidade econômica e financeira da empresa, da maneira mais racional possível.

Assim, estudaremos, inicialmente, os Quocientes de Estrutura de Capitais, depois, os Quocientes de Liquidez e, por fim, os Quocientes de Rentabilidade.

Desses três grupos, apresentaremos os quocientes mais utilizados e expressivos, suficientes para obter um diagnóstico preciso acerca da situação econômica e financeira de qualquer tipo de empresa.

4.3 Quocientes de Estrutura de Capitais

Os Quocientes de Estrutura de Capitais servem para evidenciar o grau de endividamento da empresa em decorrência das origens dos capitais investidos no patrimônio. Eles mostram a proporção existente entre os capitais próprios e os capitais de terceiros, sendo calculados com base em valores extraídos do Balanço Patrimonial.

No Balanço Patrimonial, o lado do Passivo mostra a origem dos capitais que estão à disposição da empresa, ao passo que o lado do Ativo mostra em que esses capitais foram aplicados.

Assim, do confronto entre os capitais próprios e os capitais de terceiros, ficamos sabendo quem investiu mais na empresa: se os proprietários ou se pessoas estranhas ao negócio.

São os capitais próprios e de terceiros demonstrados do lado do Passivo que financiam os investimentos efetuados pela empresa em bens e direitos, demonstrados do lado do Ativo.

Quando os investimentos na empresa são financiados pelos capitais próprios em proporção maior do que pelos capitais de terceiros, podemos afirmar, em princípio, que a situação financeira da empresa é satisfatória.

Em contrapartida, quando os investimentos na empresa forem financiados pelos capitais de terceiros em proporção maior do que pelos capitais próprios, podemos afirmar, em princípio, que a empresa está endividada. Nesse caso, é provável que uma parcela maior dos lucros seja destinada a remunerar esses capitais de terceiros.

4.3.1 Participação de Capitais de Terceiros

$$\text{Fórmula:} \quad \frac{\text{EXIGÍVEL TOTAL}}{\text{PATRIMÔNIO LÍQUIDO}}$$

- Exigível Total = Passivo Circulante + Passivo Não Circulante − Receitas Diferidas. Conforme já dissemos, as Receitas Diferidas, para fins de análise, devem integrar o grupo do Patrimônio Líquido.

Esse quociente revela qual a proporção existente entre capitais de terceiros e capitais próprios, isto é, quanto a empresa utiliza de capitais de terceiros para cada $ 1 de capital próprio.

Se multiplicarmos esse quociente por 100, obteremos a resposta em porcentagem, isto é, quanto por cento dos capitais próprios corresponde à participação dos capitais de terceiros na empresa.

Exemplo: vamos assumir que, em determinada empresa, o exigível total seja igual a $ 60.000, e o Patrimônio Líquido, $ 30.000.

Aplicando a fórmula, teremos: 60.000/30.000 = 2,0. Isso significa que, para cada $ 1 de Patrimônio Líquido, existem $ 2 de Exigível Total.

Se multiplicarmos o quociente por 100, teremos: 100 × 2,0 = 200%. Isso significa que o montante do exigível total corresponde a 200% do montante do Patrimônio Líquido. Em outras palavras, concluímos que os investimentos de terceiros na empresa equivalem a 200% dos investimentos dos proprietários.

Interpretação: quanto menor, melhor.

A interpretação desse quociente deverá ser direcionada a medir o grau de endividamento da empresa.

Pontos importantes a considerar:

- Quanto menor for a Participação de capitais de terceiros na empresa, menor será seu grau de endividamento e maior será sua liberdade financeira para tomar decisões.
- Sempre que esse quociente for inferior a 1 ou menor que 100%, indicará o excesso de capitais próprios sobre os capitais de terceiros, evidenciando que a empresa tem liberdade financeira para a tomada de decisão. Em contrapartida, quando os capitais de terceiros forem investidos na empresa em proporções maiores que os capitais próprios, esse quociente será superior a 1, indicando a existência de dependência financeira da empresa perante seus credores. Havendo dependência financeira, as empresas terão de se sujeitar às regras impostas por esses credores (altas taxas de juros, curto prazo para pagamento das obrigações, dificuldades para obtenção de créditos junto a outras instituições etc.).
- Quando o grau de endividamento mostrado por esse quociente for elevado, a empresa encontrará dificuldades para obter recursos financeiros no mercado, porque serão poucas as garantias disponíveis para oferecer em troca de recursos, sejam eles destinados à expansão do negócio ou mesmo a cobrir compromissos imediatos ou inesperados.
- Os capitais de terceiros sempre existirão, seja para financiar novos investimentos ou para cobrir dificuldades momentâneas de caixa (débitos de financiamento), por exemplo, empréstimos captados em bancos para financiar o desenvolvimento normal da empresa (débitos de funcionamento), como os débitos a fornecedores, ao Governo, aos trabalhadores etc. O importante é que a empresa saiba administrar bem os recursos de terceiros que tiver em mãos, fazendo que os lucros obtidos com a aplicação desses recursos superem os juros que remunerarão esses capitais.
- Não se pode esquecer de que a interpretação desse quociente somente será completa quando comparada com padrões; mesmo estando endividada, a empresa poderá encontrar-se em situação de normalidade caso seu grau de endividamento seja

Noções de Análise de Demonstrações Contábeis

compatível com o grau de endividamento das empresas do mesmo ramo de atividade. Em contrapartida, a permanência da empresa em altos graus de endividamento em períodos sucessivos poderá constituir um forte indicador de probabilidade de falência. Por outro lado, se a empresa conseguir renovar periodicamente suas dívidas, poderá sobreviver com endividamento, reduzindo os riscos de falência.

No Capítulo 6, você estudará os procedimentos necessários para efetuar a comparação com padrões.

4.3.2 Composição do Endividamento

$$\text{Fórmula:} \quad \frac{\text{PASSIVO CIRCULANTE}}{\text{EXIGÍVEL TOTAL}}$$

Esse quociente revela qual a proporção existente entre as obrigações de curto prazo e as obrigações totais, isto é, quanto a empresa terá de pagar em curto prazo para cada $ 1 do total das obrigações existentes.

Se multiplicarmos esse quociente por 100, obteremos a resposta em porcentagem, isto é, quanto por cento das obrigações totais correspondem às obrigações de curto prazo.

Interpretação: quanto menor, melhor.

A interpretação desse quociente deverá ser direcionada a verificar a necessidade de a empresa ter ou não de gerar recursos em curto prazo para saldar seus compromissos.

Pontos importantes a considerar:

- Quanto menor for o valor a pagar em curto prazo em relação às obrigações totais, maior tempo terá a empresa para gerar recursos financeiros a fim de saldar todos os seus compromissos.
- Para gerar recursos em curto prazo visando cobrir os compromissos do Passivo Circulante, a empresa poderá realizar várias operações, como levantar empréstimos para pagamento em longo prazo, oferecer descontos especiais para promover vendas e incentivar seus clientes a pagar as duplicatas antes dos vencimentos, concedendo-lhes descontos etc. Essas operações, entretanto, nem sempre oferecem resultados satisfatórios, pois dependem de fatores externos que fogem ao controle da empresa, como a existência de disponibilidades nos estabelecimentos bancários para oferecer empréstimos em longo prazo, a situação financeira dos clientes que possibilite antecipar pagamentos etc.
- Gerar recursos financeiros em curto prazo nem sempre constitui tarefa de fácil realização por parte da administração da empresa.
- Os recursos financeiros para cobrir os compromissos de longo prazo poderão surgir em função do desenvolvimento normal das atividades da empresa, sem a necessidade de recorrer a operações que, embora gerem recursos imediatos, complicam

ainda mais a situação de solvência em um prazo pouco mais longo. Por isso, nem sempre essas operações são benéficas para a saúde financeira da empresa.

- Quanto menor for esse quociente, maiores serão os prazos que a empresa terá para saldar seus compromissos; consequentemente, melhor será sua situação financeira atual.

4.3.3 Imobilização do Patrimônio Líquido

$$\text{Fórmula:} \quad \frac{\text{ATIVO NÃO CIRCULANTE} - \text{REALIZÁVEL A LONGO PRAZO}}{\text{PATRIMÔNIO LÍQUIDO}}$$

O quociente revela qual parcela do Patrimônio Líquido foi utilizada para financiar a compra do Ativo Fixo, isto é, quanto a empresa imobilizou no Ativo Fixo para cada $ 1 de Patrimônio Líquido.

Se multiplicarmos esse quociente por 100, obteremos a resposta em porcentagem, ou seja, quanto por cento do Patrimônio Líquido foi aplicado no Ativo Fixo.

nota

- A expressão "Ativo Fixo", utilizada neste livro para fins de análise de Demonstrações Contábeis, corresponde ao Ativo Não Circulante diminuído do Ativo Realizável a Longo Prazo, que é igual à soma dos subgrupos Investimentos, Imobilizado e Intangível.

Interpretação: quanto menor, melhor.

A interpretação desse quociente deverá ser direcionada a verificar a existência ou não de Capital Circulante Próprio.

Pontos importantes a considerar:

- Capital Circulante Próprio é a denominação que se dá ao excesso do Patrimônio Líquido sobre o Ativo Fixo. Ele pode ser apurado pela fórmula:

$$CCP = PL - AF$$

Em que:

CCP = Capital Circulante Próprio
PL = Patrimônio Líquido
AF = Ativo Fixo. Corresponde ao Ativo Não Circulante diminuído do Ativo Realizável a Longo Prazo.

- O Capital Circulante Próprio é a parte do capital próprio investida no Ativo Circulante.
- Outro aspecto evidenciado por esse quociente é a existência ou não da dependência de capitais de terceiros para financiar o Ativo Circulante. Se todo o Patrimônio Líquido

Noções de Análise de Demonstrações Contábeis

for utilizado para financiar o Ativo Fixo, não existindo Capital Circulante Próprio, significará que todo o Ativo Circulante mais o Realizável a Longo Prazo foram financiados somente com recursos de terceiros. Porém, é preciso considerar que, em princípio, esse fato não indica situação desfavorável.

- Quando esse quociente indicar que todo Ativo Circulante mais o Realizável a Longo Prazo foram financiados com capitais de terceiros, será interessante analisar outros quocientes, como aqueles que relacionam as obrigações de curto prazo com as obrigações totais, para verificar se a empresa precisa se desdobrar para conseguir recursos financeiros a fim de cobrir compromissos de curto prazo.
- Sempre que esse quociente for inferior a 1 ou menor que 100%, indicará que a empresa não imobilizou todo o seu Patrimônio Líquido, existindo, então, o Capital Circulante Próprio. Quanto maior for a parcela do Patrimônio Líquido aplicada no Ativo Fixo, menor será a Participação dos capitais próprios para financiar o Ativo Circulante e maior será a dependência da empresa em relação aos capitais de terceiros.
- Quando esse quociente indicar que parte do capital próprio foi investida no Ativo Circulante, estará revelando que a empresa tem liberdade financeira para movimentar seu negócio. Ela pode efetuar operações de compras e de vendas livremente, sem a necessidade de recorrer a terceiros para a obtenção de recursos financeiros. Poderá negociar descontos e prazos com seus fornecedores e repassar essas vantagens a seus clientes, melhorando sua competitividade no mercado.
- É perfeitamente aceitável que as empresas invistam uma maior parte do capital próprio no Ativo Fixo e uma menor no Ativo Circulante. Isso é normal porque é mais difícil conseguir recursos financeiros para financiar o Ativo Fixo. Além disso, não é aconselhável utilizar capitais de terceiros de curto prazo para financiar o Ativo Fixo, pois o retorno do investimento no Ativo Fixo ocorre, em geral, em longo prazo.
- Quando houver necessidade de utilizar recursos de terceiros para financiar o Ativo Fixo, como ocorre nas ocasiões de ampliação da empresa, esses recursos devem ser captados para serem pagos em longo prazo, de modo que possam ser remunerados com os lucros obtidos com a própria movimentação dessas imobilizações. Remunerar capitais de terceiros investidos no Ativo Fixo com recursos gerados por outras fontes que não os Lucros poderá colocar a empresa em situação de insolvência, obrigando-a a trabalhar mais rapidamente para gerar recursos em curto prazo. Em contrapartida, é mais fácil conseguir financiamento para a obtenção de recursos a fim de investir no Ativo Circulante. Geralmente, esses recursos decorrem da atividade normal da empresa, como aqueles derivados de compras de mercadorias ou de serviços a prazo (contas a pagar a fornecedores), da utilização de serviços dos empregados (Salários e Encargos a Pagar) etc.
- Se esse quociente for superior a 1 ou a 100%, indicará que a empresa aplicou, no Ativo Fixo, todo o capital próprio e, ainda, uma parcela de capitais de terceiros. Nesse caso, para saber se a empresa investiu, no Ativo Fixo, recursos de terceiros tomados em curto ou a longo prazo, será necessário analisar o Quociente de Imobilização dos Recursos Não Correntes.
- Há outro aspecto que deve ser considerado na interpretação desse quociente: em determinados ramos de atividade, é comum imobilizar mais que o Patrimônio Líquido. É o que ocorre com as empresas do ramo de transporte de pessoas, principalmente

nos períodos de expansão. Nesse caso, porém, como parte do Ativo Fixo e todo o Ativo Circulante mais o Realizável a Longo Prazo foram financiados com capitais de terceiros, podemos dizer que a empresa se encontra em mãos de terceiros, que investiram na empresa mais que os proprietários. Para saber se a empresa estará ou não agindo com normalidade, será necessário comparar esse quociente com o quociente-padrão. Em contrapartida, a interpretação do Quociente de Imobilização dos Recursos Não Correntes indicará se o excesso de imobilizações foi feito em um programa que possa ser cumprido pela empresa sem causar desequilíbrio financeiro.

4.3.4 Imobilização dos Recursos Não Correntes

$$\text{Fórmula:} \quad \frac{\text{ATIVO NÃO CIRCULANTE} - \text{REALIZÁVEL A LONGO PRAZO}}{\text{PATRIMÔNIO LÍQUIDO} + \text{PASSIVO EXIGÍVEL A LONGO PRAZO}}$$

O quociente revela qual a proporção existente entre o Ativo Fixo e os Recursos Não Correntes, isto é, quanto a empresa investiu no Ativo Fixo para cada $ 1 de Patrimônio Líquido mais Exigível a Longo Prazo.

Se multiplicarmos esse quociente por 100, obteremos a resposta em porcentagem, ou seja, quanto por cento do Capital Próprio mais Exigível a Longo Prazo a empresa investiu no Ativo Fixo.

Interpretação: quanto menor, melhor.

A interpretação desse quociente deve ser direcionada a verificar se o Capital Circulante Próprio Negativo foi compensado por empréstimos de longo prazo.

Pontos importantes a considerar:

- O Capital Circulante Próprio Negativo ocorre quando o Patrimônio Líquido é inferior ao Ativo Fixo.
- Em qualquer circunstância, o ideal é que o Patrimônio Líquido seja suficiente para financiar todo o Ativo Fixo e, ainda, uma parte do Ativo Circulante. Essa folga garante à empresa liberdade para tomadas de decisão, sendo benéfica para sua situação financeira.
- Quando o excesso das imobilizações sobre o Patrimônio Líquido for financiado por obrigações do Passivo Circulante, a empresa poderá enfrentar sérios problemas de solvência. Por isso, esse quociente não deve ser superior a 1 ou a 100%, para que não haja obrigações de curto prazo financiando o Ativo Fixo.
- A existência de Capital Circulante Próprio Negativo não deve ser vista como situação de desespero para a empresa, pois isso pode perfeitamente ocorrer nos momentos de ampliação ou expansão do negócio. A captação de empréstimos imediatos para serem pagos em longo prazo pode ser uma boa atitude para sanar esse problema.
- Com os recursos financeiros obtidos por meio desses empréstimos, a empresa cobrirá os compromissos de curto prazo e terá tempo suficiente para esperar os lucros

Noções de Análise de Demonstrações Contábeis

serem gerados em função dos investimentos efetuados no Ativo Fixo, que permitirão a remuneração dos capitais de terceiros tomados para pagamento em longo prazo.

- Quando a análise do Quociente de Imobilização dos Recursos próprios indicar a existência de Capital Circulante Próprio Negativo, haverá forte evidência de que a situação financeira da empresa não é boa. Entretanto, não se pode concluir que a empresa atravessa momentos de desequilíbrio financeiro, pois a interpretação do Quociente de Imobilização dos Recursos Não Correntes poderá revelar a existência de um quadro mais ameno. Finalmente, mesmo quando a interpretação desses quocientes evidenciar tendência de desequilíbrio financeiro, para saber se a empresa se encontra ou não em situação de insolvência, será preciso interpretar os Quocientes de Liquidez.

4.4 Quocientes de Liquidez (ou solvência)

Os Quocientes de Liquidez evidenciam o grau de solvência da empresa em decorrência da existência ou não de solidez financeira que garanta o pagamento dos compromissos assumidos com terceiros.

Esses quocientes mostram a proporção existente entre os Investimentos efetuados no Ativo Circulante e no Ativo Realizável a Longo Prazo em relação aos capitais de terceiros (Passivo Circulante e Passivo Exigível a Longo Prazo). São calculados com base em valores extraídos do Balanço Patrimonial.

Como regra geral, podemos dizer que, quando a análise dos Quocientes de Estrutura de Capitais indicar a existência de um grau de endividamento aceitável, provavelmente a análise dos Quocientes de Liquidez também revelará a existência de grau de solvência satisfatório.

Para que se possa obter um diagnóstico mais completo acerca da solidez financeira da empresa, vários aspectos precisam ser levados em consideração:

- alto grau de endividamento nem sempre é sinônimo de insolvência – a empresa poderá estar endividada, mas paga seus compromissos em dia. Isso é possível, por exemplo, nos casos em que a empresa consegue renegociar facilmente suas dívidas;
- a empresa poderá apresentar baixo grau de liquidez em curto prazo, porém, um bom grau de liquidez em longo prazo, e vice-versa;
- a empresa poderá contar com alto grau de liquidez, mas não dispor de dinheiro para pagar seus compromissos imediatos.

Esses e outros aspectos poderão ser esclarecidos por meio da análise isolada e conjunta dos Quocientes de Liquidez. Acompanhe.

4.4.1 Liquidez Geral

$$\text{Fórmula:} \quad \frac{\text{ATIVO CIRCULANTE} + \text{ATIVO REALIZÁVEL A LONGO PRAZO}}{\text{PASSIVO CIRCULANTE} + \text{PASSIVO EXIGÍVEL A LONGO PRAZO}}$$

Esse quociente evidencia se os recursos financeiros aplicados no Ativo Circulante e no Ativo Realizável a Longo Prazo são suficientes para cobrir as obrigações totais, isto é, quanto a empresa tem de Ativo Circulante mais Realizável a Longo Prazo para cada $ 1 de Obrigação total.

Interpretação: quanto maior, melhor.

A interpretação desse quociente deve ser direcionada a verificar se a empresa tem solidez financeira suficiente para cobrir os compromissos de curto e de longo prazo assumidos com terceiros.

Pontos importantes a considerar:

- Quando esse quociente for igual ou superior a 1, pode-se afirmar, em princípio, que a empresa se encontra satisfatoriamente estruturada do ponto de vista financeiro.
- Quando esse quociente for inferior a 1, pode-se, em princípio, dizer que a empresa se encontra em situação de insolvência, pois os capitais de terceiros (obrigações totais) financiaram todo o Ativo Circulante e Realizável a Longo Prazo, além de parte do Ativo Fixo, revelando que a empresa se encontra nas mãos de terceiros.
- Um aspecto importante na análise desse quociente diz respeito aos prazos: é preciso verificar as diversas datas de vencimentos dos direitos do Ativo Circulante, conjugando-as com as diversas datas das obrigações do Passivo Circulante, pois as divergências de prazos existentes entre direitos e obrigações poderão modificar sensivelmente a opinião do analista. Vamos assumir, por exemplo, que determinada empresa apresente o quociente de liquidez geral igual a 1.
- Aparentemente, essa empresa terá condições de cumprir seus compromissos perante seus credores e não terá folga financeira para tomar outras decisões, pois tudo o que receberá se realizar o Ativo Circulante + o Realizável a Longo Prazo será utilizado para pagar as obrigações totais. Contudo, se o prazo de vencimento dos direitos de curto prazo forem de, no máximo, 120 dias e o das obrigações de curto prazo forem a partir de 200 dias, a empresa terá uma folga financeira de 80 dias. Em contrapartida, em situação inversa, mesmo com o quociente igual a 1, a empresa precisará recorrer a empréstimos ou promover descontos a seus devedores para cumprir seus compromissos de curto prazo.
- Com relação aos direitos e às obrigações vencíveis em longo prazo, alguns cuidados também deverão ser tomados: poderão constar, no Ativo Realizável a Longo Prazo, direitos referentes a empréstimos efetuados a empresas coligadas, a controladas, a diretores ou a acionistas cujos direitos não tenham prazo de vencimento ou que sejam de curto prazo. Do mesmo modo, poderão constar no Exigível a Longo Prazo empréstimos tomados de diretores ou acionistas ou mesmo de outras pessoas, mediante a emissão de debêntures conversíveis em ações, cujos compromissos não correspondam a saídas de numerários para serem liquidados.
- Há casos em que o Quociente de Liquidez Geral inferior a 1 não indica situação de insolvência. Ocorre, por exemplo, quando, para saldar um compromisso de curto prazo, a empresa tome empréstimos a pagar em cinco anos; nesse caso, haverá tempo suficiente para gerar recursos a fim de saldar esses compromissos. A análise do Quociente de Liquidez Seca evidenciará essa situação.

4.4.2 Liquidez Corrente

$$\text{Fórmula:} \quad \frac{\text{ATIVO CIRCULANTE}}{\text{PASSIVO CIRCULANTE}}$$

O quociente revela a capacidade financeira da empresa de cumprir seus compromissos de curto prazo, isto é, quanto a empresa tem de Ativo Circulante para cada $ 1 de Passivo Circulante.

Interpretação: quanto maior, melhor.
A interpretação desse quociente deve ser direcionada a verificar a existência ou não do Capital Circulante Líquido.
Pontos importantes a considerar:

- Por ser o quociente que melhor espelha o grau de liquidez da empresa, é também denominado **medida de solvência**.
- O Capital Circulante Líquido (CCL) pode ser apurado pela fórmula:

CCL = Ativo Circulante – Passivo Circulante

- Quando esse quociente for igual a 1, indicará que a empresa apresenta um grau de solvência suficiente que lhe permite cobrir os compromissos de curto prazo.
- Quando esse quociente for superior a 1, indicará a existência de uma folga financeira de curto prazo, que corresponde ao Capital Circulante Líquido. Essa folga financeira possibilita à empresa efetuar transações sem prejudicar sua liquidez, podendo ser utilizada na aquisição de estoques, em aplicações financeiras de curto prazo etc.
- No numerador da fórmula desse quociente consta o grupo do Ativo Circulante, composto por Disponibilidades, direitos Realizáveis a Curto Prazo (Contas a Receber de Clientes, Estoques, Impostos a Recuperar, Investimentos Temporários a Curto Prazo e Outros direitos Realizáveis a Curto Prazo), além das Despesas do Exercício Seguinte. No denominador da fórmula, consta o Passivo Circulante, composto por obrigações que têm prazos de vencimentos variáveis entre 1 e 360 dias. Considerando que as obrigações têm datas certas a serem pagas e que parte do Ativo Circulante não tem data certa para recebimento, além de nem todos os valores serem conversíveis em dinheiro, para melhor avaliar o grau de solvência em curto prazo da empresa, é preciso considerar, ainda:
  a) **Prazos:** conforme já comentamos no estudo do Quociente de Liquidez Geral, é preciso conjugar as datas dos vencimentos dos direitos do Ativo Circulante com as datas das obrigações do Passivo Circulante. Pode haver um equilíbrio ou uma disparidade entre essas datas. Se as obrigações tiverem vencimentos anteriores aos direitos, isso poderá representar problemas de liquidez;

b) Estoques: várias questões podem ser levantadas acerca deste item, conforme já estudamos no Capítulo 3 deste livro. Não se pode esquecer, entretanto, de que os estoques somente serão transformados em dinheiro depois que forem vendidos, e as vendas poderão ser recebidas no mesmo dia, em poucos dias ou após longo tempo da data da transação. Em contrapartida, se parte das vendas for efetuada em longo prazo, não representará ingresso de dinheiro no momento das vendas. Outro aspecto importante é a verificação dos prazos de rotação, para saber quantas vezes os estoques circularam durante o ano;

c) Os Impostos a Recuperar, tendo em vista que não correspondem a importâncias conversíveis em dinheiro, uma vez que a empresa somente poderá compensá-los com obrigações do mesmo gênero, podem até mesmo ser suprimidos do Ativo Circulante para fins de cálculo desse quociente;

d) É preciso conhecer a natureza de cada Investimento Temporário a Curto Prazo para saber se os valores atuais são compatíveis com os contabilizados, bem como sobre a idoneidade dos estabelecimentos em que foram feitas tais aplicações etc.;

e) Outro grupo de contas que não representa valores conversíveis em dinheiro são as Despesas do Exercício Seguinte, pois correspondem a pagamentos de despesas efetuadas antecipadamente. Esses pagamentos garantem à empresa apenas o direito de obtenção do serviço correspondente, como ocorre com os prêmios de Seguro Pagos Antecipadamente. Eles asseguram à empresa o direito de cobertura do risco correspondente. Por fim, a empresa não poderá contar com os valores contabilizados nesse grupo para saldar suas obrigações.

Assim, esse grupo também poderá ser excluído do Ativo Circulante para fins de cálculo do Quociente de Liquidez Corrente. Portanto, considerando os aspectos já apresentados, mesmo quando o Quociente de Liquidez Corrente for superior a 1, a empresa poderá, em certos momentos, não dispor de dinheiro suficiente para cobrir compromissos imediatos. Nesse caso, para levantar empréstimos com estabelecimentos bancários, a empresa não encontrará dificuldades, apresentando o quociente superior a 1. Entretanto, se a folga financeira for muito pequena ou o quociente for inferior a 1, a empresa poderá encontrar dificuldades para cobrir seus compromissos, bem como para captar dinheiro no mercado.

Assim, quanto maior for esse quociente, maior será a liberdade financeira da empresa para obter recursos e, consequentemente, melhor será seu grau de liquidez.

4.4.3 Liquidez Seca

$$\text{Fórmula:} \quad \frac{\text{ATIVO CIRCULANTE} - \text{ESTOQUES}}{\text{PASSIVO CIRCULANTE}}$$

O quociente revela a capacidade financeira líquida da empresa para cumprir os compromissos de curto prazo, isto é, quanto a empresa tem de Ativo Circulante Líquido para cada $ 1 do Passivo Circulante.

Noções de Análise de Demonstrações Contábeis

Interpretação: quanto maior, melhor.

A interpretação desse quociente deve ser direcionada a verificar se o Ativo Circulante Líquido é suficiente para saldar os compromissos de curto prazo.

Pontos importantes a considerar:

- O valor do Ativo Circulante Líquido poderá ser apurado de duas maneiras:
  a) subtraindo do Ativo Circulante os valores que não representam conversibilidade garantida, como os estoques, os Impostos a Recuperar e as Despesas do Exercício Seguinte;
  b) somando às Disponibilidades os valores dos Investimentos Temporários a Curto Prazo e as Contas a Receber de Clientes.

  Portanto, a fórmula para apurar o Quociente de Liquidez Seca poderá ser a apresentada no início desta seção, desde que já estejam deduzidos do Ativo Circulante os valores dos Impostos a Recuperar e as Despesas do Exercício Seguinte.

  Há, ainda, outra fórmula que pode ser utilizada:

$$LS: \frac{\text{DISPONIBILIDADES} + \text{CONTAS A RECEBER} + \text{INVEST. TEMP. C. P.}}{\text{PASSIVO CIRCULANTE}}$$

- Esse quociente deve ser analisado em conjunto com o Quociente de Liquidez Corrente. Para obter conclusões mais precisas além da simples observação do resultado obtido pela aplicação da fórmula, os mesmos detalhes apresentados para fins de análise do Quociente de Liquidez Corrente são aplicáveis neste caso, principalmente com relação aos prazos de vencimentos de direitos e obrigações.
- O Quociente de Liquidez Corrente relaciona o Ativo Circulante com o Passivo Circulante; entretanto, sabe-se que as obrigações do Passivo Circulante têm datas certas para ser liquidadas, ao passo que os bens e os direitos do Ativo Circulante nem sempre representam conversibilidade garantida. O maior exemplo refere-se aos estoques que estão sujeitos a deterioração, a obsolescência etc.
- É por esse motivo que o valor dos estoques deve ser excluído da fórmula para fins de apuração do Quociente de Liquidez Seca. Assim, podem-se colocar em evidência os elementos de conversibilidade garantida do Ativo Circulante com as obrigações líquidas e certas do Passivo Circulante.
- Esse é um dos quocientes mais utilizados pelas instituições financeiras para o fornecimento de créditos a seus clientes.
- Suponhamos, por exemplo, que determinada empresa tenha obrigações a pagar, dentro de dez dias, no valor de $ 8.000, possuindo apenas $ 3.000 disponíveis. Como as Contas a Receber de Clientes somente vencerão após 30 dias, o mesmo ocorrendo com os Investimentos Temporários a Curto Prazo, e sendo o Quociente de Liquidez Seca igual a 1,60, essa empresa poderá se dirigir a qualquer instituição financeira e obterá o empréstimo desejado para pagar em até 60 dias. O Quociente de Liquidez Seca reflete um grau de solvência que permite efetuar tal operação.

4.4.4 Liquidez Imediata

$$\text{Fórmula: } \frac{\text{DISPONIBILIDADES}}{\text{PASSIVO CIRCULANTE}}$$

O quociente revela a capacidade de liquidez imediata da empresa para saldar seus compromissos de curto prazo, isto é, quanto a empresa possui de dinheiro em Caixa, nos Bancos e em Aplicações de Liquidez Imediata, para cada $ 1 do Passivo Circulante.

Interpretação: quanto maior, melhor.

A interpretação desse quociente deve ser direcionada a verificar se existe ou não necessidade de recorrer a algum tipo de operação a fim de obter mais dinheiro para cobrir obrigações vencíveis em curto prazo.

Pontos importantes a considerar:

- Quando a empresa possui dinheiro em caixa suficiente para saldar seus compromissos de curto prazo, obviamente, estará tranquila do ponto de vista de solvência.
- Esse quociente apresenta pouca validade para análise da situação de liquidez da empresa, pelos seguintes motivos:

  a) não adota boa política financeira a empresa que mantém elevadas importâncias em disponibilidade (Caixa, Bancos e Investimentos de Liquidez Imediata), em detrimento de aplicações mais produtivas, como em estoques, no financiamento de vendas a prazo etc.;

  b) conforme já estudamos, o Passivo Circulante é composto por obrigações que têm prazos de vencimento variados, podendo, inclusive, grande parte delas ter prazos de vencimentos superiores a seis meses. Por esse motivo, não é recomendável ter Disponibilidades imediatas suficientes para saldar compromissos seis meses antes do vencimento;

  c) já estudamos, também, que é importante a empresa manter equilíbrio entre as entradas e saídas de dinheiro, sendo aceitável a manutenção de saldos elevados em Caixa quando representarem provisionamentos para pagamentos de obrigações que vençam em poucos dias.

  Mesmo que esse quociente seja inferior a 1, poderá não representar situação de insolvência, pois as obrigações constantes do Passivo Circulante poderão ter prazos de vencimentos que permitam à empresa obter recursos financeiros para pagá-los, com o desenvolvimento normal de suas atividades, sem a necessidade de manter saldos elevados em Caixa.

  Suponhamos que determinada empresa apresente, no Passivo Circulante, obrigações no valor de $ 30.000 e que o Quociente de Liquidez Imediata seja de 0,33. Esse quociente indica que a empresa possui, no Disponível, apenas $ 0,33 para cada $ 1 de dívidas, ou seja, $ 10.000 para pagar $ 30.000 de obrigações. Aparentemente, a situação é negativa. Se todas essas obrigações tivessem vencimentos em prazo máximo de cinco dias, poderíamos afirmar que o quociente de 0,33 revelaria uma situação altamente negativa do ponto de vista de solvência, pois a empresa não teria condições de saldar seus compromissos com os recursos de que dispõe.

Entretanto, se 90% dessas obrigações, ou seja, $ 27.000, tiverem vencimentos em prazos superiores a 120 dias, o quociente de 0,33 será perfeitamente aceitável.

Assim, a discrepância existente entre os prazos de vencimentos das obrigações de curto prazo e as Disponibilidades enfraquecem muito a validade desse quociente, podendo distorcer uma aparente situação favorável ou desfavorável evidenciada pela simples verificação do resultado obtido pela aplicação da fórmula.

- Outro aspecto a ser considerado na interpretação desse quociente é que os valores constantes do Balanço Patrimonial representam uma situação estática na data do respectivo Balanço. Assim, quando o quociente é calculado com base nos valores extraídos do Balanço de 31 de dezembro, poderá não refletir a situação de liquidez imediata da empresa durante o ciclo operacional, pois fatos inesperados poderão acarretar aumentos ou diminuições nos saldos das contas na época do levantamento do Balanço. Para uma análise mais completa, seria conveniente considerar os valores médios das Disponibilidades e das obrigações do Passivo Circulante. Esses valores médios poderão ser obtidos dividindo-se por 12 o somatório dos saldos existentes no final de cada mês.

4.5 Quocientes de Rentabilidade

Os Quocientes de Rentabilidade servem para medir a capacidade econômica da empresa, isto é, evidenciam o grau de êxito da empresa na obtenção de lucros suficientes para remunerar os capitais investidos nela pelos seus proprietários.

São calculados com base em valores extraídos da Demonstração do Resultado do Período (Exercício) e do Balanço Patrimonial.

A rentabilidade do Capital investido na empresa é conhecida por meio do confronto entre contas ou grupos de contas da Demonstração do Resultado do Exercício ou conjugando-as com grupos de contas do Balanço Patrimonial.

4.5.1 Giro do Ativo

$$\text{Fórmula:} \quad \frac{\text{VENDAS LÍQUIDAS}}{\text{ATIVO TOTAL}}$$

Esse quociente evidencia a proporção existente entre o volume das vendas e os investimentos totais efetuados na empresa, isto é, quanto a empresa vendeu para cada $ 1 de investimento total.

Interpretação: quanto maior, melhor.

A interpretação desse quociente deve ser direcionada a verificar se o volume das vendas realizadas no período foi adequado em relação ao capital total investido na empresa.

Pontos importantes a considerar:

- Como o quociente serve para medir o volume das vendas em relação ao capital total investido na empresa, é importante saber que o volume de vendas ideal para cada empresa é o que permite a obtenção de lucratividade suficiente para cobrir todos os gastos, oferecendo, ainda, boa margem de Lucro.
- Como os gastos efetuados pelas empresas para o desenvolvimento normal de suas atividades variam em função do ramo de atividade por elas exercido, também o volume de vendas ideal para cada empresa dependerá de seu ramo de negócio. O ideal é que esse quociente seja superior a 1, caso em que indicará que o volume das vendas superou o valor investido na empresa. Vamos assumir, por exemplo, que no exercício de X1 a empresa A tenha efetuado vendas líquidas no valor de $ 60.000 para um capital total investido no Ativo igual a $ 20.000. Suponhamos, ainda, que a empresa B, no mesmo período, tenha realizado vendas líquidas no valor de $ 300.000 para um capital total investido no Ativo igual a $ 450.000.

Aparentemente, a empresa B realizou melhores negócios, pois o volume de suas vendas líquidas correspondeu a cinco vezes o volume das vendas líquidas da empresa A. Contudo, se compararmos o volume das vendas realizadas com o valor dos investimentos totais efetuados na empresa, concluiremos que a empresa A foi a que alcançou melhores resultados, pois suas vendas corresponderam a três vezes o valor do capital total investido, ao passo que a empresa B não conseguiu girá-lo uma só vez. É evidente que outros aspectos devem ser considerados, pois, mesmo não conseguindo girar uma só vez o valor do capital total investido, a empresa B pode ter obtido maior lucratividade que a empresa A. Por isso, é importante analisar o quociente a seguir.

4.5.2 Margem Líquida

$$\text{Fórmula:} \quad \frac{\text{LUCRO LÍQUIDO}}{\text{VENDAS LÍQUIDAS}}$$

O quociente revela a margem de lucratividade obtida pela empresa em função de seu faturamento, isto é, quanto a empresa obteve de lucro líquido para cada $ 1 vendido.

Interpretação: quanto maior, melhor.
A interpretação desse quociente deve ser direcionada a verificar a margem de lucro da empresa em relação às vendas.
Pontos importantes a considerar:

- Quanto maior, isto é, quanto mais próximo a 1 for esse quociente, maiores serão os lucros obtidos pela empresa.
- É importante verificar a relação entre esse quociente e o quociente anterior (Giro do Ativo). Veja:

a) quando o quociente Giro do Ativo é superior a 1, a situação, aparentemente, é favorável; contudo, se o quociente Margem Líquida estiver muito abaixo de 1, indicará que a aparente situação favorável poderá não ser suficiente para cobrir os custos necessários a sua obtenção;

b) quando o quociente de Giro do Ativo é inferior a 1, indica, em princípio, situação desfavorável, o que poderá não corresponder à realidade se o quociente Margem Líquida estiver bem próximo a 1. Isso revela que, embora as vendas tenham sido baixas em relação ao capital total investido na empresa, foram suficientes para cobrir os custos necessários a sua obtenção, podendo, inclusive, revelar a existência de uma margem de lucro.

Portanto, nem sempre um volume de vendas superior ao Ativo Total é sinônimo de lucratividade garantida, e vice-versa, ou seja, nem sempre um volume de vendas inferior ao Ativo total é sinônimo de prejuízo. Por isso, é importante analisar o quociente Giro do Ativo em conjunto com o quociente Margem Líquida.

4.5.3 Rentabilidade do Ativo

$$\text{Fórmula:} \quad \frac{\text{LUCRO LÍQUIDO}}{\text{ATIVO TOTAL}}$$

Esse quociente evidencia o potencial de geração de lucros por parte da empresa, isto é, quanto a empresa obteve de lucro líquido para cada $ 1 de investimentos totais.

Interpretação: quanto maior, melhor.

A interpretação desse quociente deve ser direcionada a verificar o tempo necessário para que haja retorno dos capitais totais (próprios e de terceiros) investidos na empresa.

Pontos importantes a considerar:

- Quanto maior for esse quociente, maior será a lucratividade obtida pela empresa em relação aos Investimentos totais.
- Trabalhando com capitais de terceiros, a empresa, obviamente, precisará remunerar esses capitais com os lucros apurados no desenvolvimento de suas atividades operacionais normais. Quando isso for possível, a situação será favorável; se a lucratividade obtida não for suficiente para remunerar os capitais de terceiros, será preciso buscar outras fontes para gerar recursos, que normalmente representam a captação de recursos emprestados de terceiros, fato que contribuirá com o aumento do endividamento da empresa.
- O conhecimento do tempo necessário para que haja retorno dos capitais próprios e de terceiros investidos na empresa pode ser obtido por meio dos seguintes procedimentos:
  a) multiplica-se o quociente por 100 para obter a resposta em porcentagem;
  b) por meio de regra de três, conhece-se a quantidade de anos necessários para que haja retorno do capital total investido.

Suponhamos, por exemplo, que em determinada empresa o Quociente de Rentabilidade do Ativo seja igual a 0,25. Para conhecer o tempo necessário para o retorno dos capitais totais investidos na empresa, faremos:

a) $0,25 \times 100 = 25\%$
b) 1 ano = 25%
   x anos = 100%
   Em que:
   1 ano $\times$ 100/25 = 4 anos

Com base na lucratividade de 25% ao ano, essa empresa necessitará de apenas quatro anos para dobrar o valor dos capitais totais investidos, contando apenas com os Lucros apurados.

4.5.4 Rentabilidade do Patrimônio Líquido

$$\text{Fórmula:} \quad \frac{\text{LUCRO LÍQUIDO}}{\text{PATRIMÔNIO LÍQUIDO}}$$

O quociente revela qual foi a taxa de rentabilidade obtida pelo capital próprio investido na empresa, isto é, quanto a empresa ganhou de lucro líquido para cada $ 1 de capital próprio investido.

Interpretação: quanto maior, melhor.
A interpretação desse quociente deve ser direcionada a verificar qual é o tempo necessário para obter o retorno do capital próprio investido na empresa, ou seja, quantos anos serão necessários para que os proprietários obtenham de volta o valor do capital que investiram na empresa.
Pontos importantes a considerar:

- Para que o resultado obtido na análise desse quociente seja mais eficiente, deve-se considerar, para fins de cálculo, o valor médio do Patrimônio Líquido. Assim, a fórmula mais adequada, quando for possível calcular o valor do Patrimônio Líquido Médio, será:

$$\text{Fórmula:} \quad \frac{\text{LUCRO LÍQUIDO}}{\text{PATRIMÔNIO LÍQUIDO MÉDIO}}$$

O valor do Patrimônio Líquido Médio pode ser apurado pela fórmula:

$$\text{PLM:} \quad \frac{\text{PATRIMÔNIO LÍQUIDO INICIAL} + \text{PATRIMÔNIO LÍQUIDO FINAL}}{2}$$

- Quanto maior for esse quociente, maior será o grau de lucratividade apurado pela empresa em relação ao Capital Próprio investido.
- O tempo necessário para obter o retorno do valor do Capital Próprio investido na empresa pode ser calculado da mesma maneira que se calcula o tempo de retorno do capital total estudado na seção anterior, ou seja:
  a) para obter o resultado em porcentagem, multiplica-se o quociente por 100;
  b) por meio de regra de três, conhece-se o tempo necessário para o retorno do capital próprio investido.
- Outro aspecto que evidencia a validade desse quociente é que o proprietário ou os acionistas poderão comparar o ganho obtido com o capital investido na empresa com o ganho que obteriam se investissem esse capital no mercado financeiro ou no mercado de capitais.

Para fazer essa comparação, confronta-se a taxa de lucratividade obtida se investissem o capital no mercado financeiro ou de capitais com a taxa de lucratividade obtida nesse quociente.

Quadro-resumo dos quocientes		
QUOCIENTES		**FÓRMULAS**
Estrutura de Capitais	1. Participação de Capitais de Terceiros	$\dfrac{\text{Exigível Total}}{\text{Patrimônio Líquido}}$
	2. Composição do Endividamento	$\dfrac{\text{Passivo Circulante}}{\text{Exigível Total}}$
	3. Imobilização do Patrimônio Líquido	$\dfrac{\text{Ativo Não Circulante} - \text{Realizável a Longo Prazo}}{\text{Patrimônio Líquido}}$
	4. Imobilização dos Recursos Não Correntes	$\dfrac{\text{Ativo Não Circulante} - \text{Realizável a Longo Prazo}}{\text{Patrimônio Líquido} + \text{Passivo Exigível a Longo Prazo}}$
Liquidez ou Solvência	5. Liquidez Geral	$\dfrac{\text{Ativo Circulante} + \text{Ativo Realizável a Longo Prazo}}{\text{Passivo Circulante} + \text{Passivo Exigível a Longo Prazo}}$
	6. Liquidez Corrente	$\dfrac{\text{Ativo Circulante}}{\text{Passivo Circulante}}$
	7. Liquidez Seca	$\dfrac{\text{Ativo Circulante} - \text{Estoques}}{\text{Passivo Circulante}}$
	8. Liquidez Imediata	$\dfrac{\text{Disponibilidades}}{\text{Passivo Circulante}}$

QUOCIENTES		FÓRMULAS
Rentabilidade	9. Giro do Ativo	$\dfrac{\text{Vendas Líquidas}}{\text{Ativo Total}}$
	10. Margem Líquida	$\dfrac{\text{Lucro Líquido}}{\text{Vendas Líquidas}}$
	11. Rentabilidade do Ativo	$\dfrac{\text{Lucro Líquido}}{\text{Ativo Total}}$
	12. Rentabilidade do Patrimônio Líquido	$\dfrac{\text{Lucro Líquido}}{\text{Patrimônio Líquido}}$

Atividades Teóricas

1. **Responda:**

   1.1 Como podem ser agrupados os quocientes que evidenciam a situação financeira e a situação econômica da entidade?

   1.2 Escreva as fórmulas utilizadas para o cálculo de cada um dos quocientes a seguir:

   a) Participação dos Capitais de Terceiros em relação aos capitais próprios;

   b) Composição do endividamento;

   c) Imobilização do Patrimônio Líquido;

   d) Imobilização dos Recursos Não Correntes.

   1.3 Para que servem os Quocientes de Liquidez?

   1.4 Escreva as fórmulas que devem ser utilizadas para o cálculo dos seguintes quocientes:

   a) Liquidez Geral;

   b) Liquidez Corrente;

   c) Liquidez Seca;

   d) Liquidez Imediata.

   1.5 Para que servem os quocientes de rentabilidade?

   1.6 Escreva as fórmulas utilizadas para o cálculo dos seguintes quocientes:

   a) Giro do Ativo;

   b) Margem Líquida;

   c) Rentabilidade do Ativo;

   d) Rentabilidade do Patrimônio Líquido.

   1.7 Como se denomina o excesso do Patrimônio Líquido sobre o Ativo Fixo?

   1.8 Qual é o quociente que evidencia a existência ou não de Capital Circulante Próprio?

   1.9 Toda empresa que não possuir liquidez para cobrir seus compromissos imediatos também não possuirá liquidez para cobrir os compromissos a longo prazo, revelando alto grau de endividamento. Você concorda com esta afirmativa? Justifique.

1.10 Qual é o quociente que, por melhor refletir a situação de solvência das entidades, recebe de alguns analistas a denominação Medida de Solvência?

1.11 O que é Capital Circulante Líquido?

1.12 Para cálculo do quociente de liquidez corrente, poderão ser suprimidos os tributos a recuperar e as despesas do exercício seguinte? Explique.

1.13 Qual é o quociente a que as instituições financeiras atribuem maior importância para aprovar financiamentos a seus clientes?

1.14 O quociente de liquidez imediata terá de ser sempre igual ou superior a 1 para refletir situação satisfatória? Justifique.

1.15 Durante o exercício de X1, a empresa A faturou $ 500.000, e a empresa B, $ 2.000.000. Podemos afirmar, em princípio, que a empresa B apresenta melhor situação que a empresa A? Por quê?

1.16 A empresa A, durante o exercício de X4, apresentou quociente de giro do Ativo igual a 3,0 e quociente de Margem Líquida igual a 1,2. A empresa B apresentou quociente de Giro do Ativo de 0,8 e quociente de Margem Líquida igual a 2,5. Qual dessas empresas apresentou melhor resultado? Justifique.

1.17 Como se denomina o quociente que permite apurar o tempo necessário para ocorrer retorno do capital investido pelos proprietários?

1.18 Quais são os cálculos a serem efetuados para se conhecer o tempo necessário de retorno do capital investido?

2. **Classifique se as afirmativas em falsas (F) ou verdadeiras (F):**

2.1 ( ) Quando os investimentos efetuados pela entidade em seu Ativo são financiados pelos capitais de terceiros em proporção maior que os capitais próprios, podemos dizer, em princípio, que a solvência da entidade é satisfatória.

2.2 ( ) Para obter uma boa visão da situação econômica e financeira da entidade, é aconselhável que a análise dos quocientes seja feita nesta sequência: Estrutura de Capitais, Liquidez e Rentabilidade.

2.3 ( ) Quando os capitais de terceiros são superiores aos capitais próprios, podemos dizer, em princípio, que a entidade está endividada.

2.4 ( ) Endividamento e liquidez são situações opostas.

2.5 ( ) O quociente de Participação de Capitais de Terceiros em relação aos Capitais Próprios, quando for inferior a 1, estará indicando dependência financeira da entidade em relação aos capitais de terceiros.

2.6 ( ) Em nenhuma entidade o valor dos capitais de terceiros poderá ser superior ao valor dos capitais próprios.

2.7 ( ) É melhor para a entidade que suas obrigações de curto prazo sejam inferiores às de longo prazo.

2.8 ( ) Quando o Patrimônio Líquido é insuficiente para cobrir os investimentos efetuados no Ativo Fixo, pode-se concluir que todo o capital circulante foi financiado por capitais de terceiros.

2.9 ( ) Podemos afirmar que a entidade se encontra em mãos de terceiros quando os capitais de terceiros superam os capitais próprios.

2.10 ( ) O quociente de Imobilização dos Recursos Não Correntes indica se a entidade imobilizou recursos de terceiros tomados em curto prazo.

2.11 ( ) Sempre que o quociente de liquidez geral é igual ou superior a 1, pode-se afirmar, em princípio, que a entidade não se encontra estruturada do ponto de vista financeiro.

2.12 ( ) Para uma boa interpretação do quociente de liquidez geral, há necessidade de analisar, principalmente, os prazos de vencimento de direitos e de obrigações.

2.13 ( ) Quando o quociente de Liquidez Corrente for superior a 1, indicará a existência de Capital Circulante Líquido.

2.14 ( ) O quociente de liquidez imediata evidencia a capacidade da entidade para saldar seus compromissos de curto prazo com seu Ativo Líquido (Disponibilidades + direitos de rápida conversibilidade).

2.15 ( ) Para efeito do cálculo do quociente de Liquidez Seca, considera-se o Ativo Circulante diminuído dos Estoques.

2.16 ( ) O quociente de liquidez imediata mostra quanto a entidade tem de disponibilidades imediatas para cumprir seus compromissos de curto prazo.

2.17 ( ) O quociente que serve para medir o volume das vendas em relação ao capital total investido no Ativo é o quociente de Giro do Ativo.

2.18 ( ) O quociente de Rentabilidade do Ativo evidencia o potencial de geração de lucros por parte da entidade.

3. Escolha a alternativa correta:

3.1 Os quocientes que evidenciam o grau de solvência da entidade são:
a) Quocientes de Estrutura de Capitais.
b) Quocientes de Liquidez.
c) Quocientes de Rentabilidade.
d) Quocientes de Rotação.
e) Todas as alternativas anteriores estão incorretas.

3.2 Os quocientes que evidenciam o grau de endividamento das entidades são:
a) Quocientes de Estrutura de Capitais.
b) Quocientes de Liquidez.
c) Quocientes de Rentabilidade.
d) Quocientes de Rotação.
e) As alternativas "a" e "d" estão corretas.

3.3 Os quocientes que evidenciam a rentabilidade obtida pelo capital investido na entidade são:
a) Quocientes de Estrutura de Capitais.
b) Quocientes de liquidez.
c) Quociente de Rotação.
d) Quocientes de Rentabilidade.
e) As alternativas "a" e "b" estão corretas.

3.4 Os quocientes de estrutura de Capitais e de Liquidez evidenciam:
a) a situação financeira da entidade.
b) a situação econômica da entidade.

Noções de Análise de Demonstrações Contábeis

c) a situação econômica e financeira da entidade.

d) a rentabilidade do patrimônio.

e) a rentabilidade da entidade.

3.5 Os quocientes do tipo "quanto maior, melhor" são de:

a) Estrutura de Capitais e Liquidez.

b) Liquidez e Estrutura de Capitais.

c) Rentabilidade e Estrutura de Capitais.

d) Rentabilidade.

e) Liquidez e Rentabilidade.

3.6 Os quocientes do tipo "quanto menor, melhor" são de:

a) Estrutura de Capitais.

b) Rentabilidade.

c) Liquidez.

d) Liquidez e Rentabilidade.

e) Liquidez e Estrutura de Capitais.

3.7 Capital Circulante Próprio é:

a) o excesso do Ativo Fixo sobre o Patrimônio Líquido.

b) a diferença entre o Passivo Exigível e o Ativo Circulante.

c) o excesso do Patrimônio Líquido sobre o Ativo Fixo.

d) o Ativo Circulante menos o Ativo Fixo.

e) todas as alternativas anteriores estão incorretas.

3.8 Capital Circulante Líquido é:

a) a diferença entre o Ativo Circulante e o Patrimônio líquido.

b) a diferença entre o Ativo Fixo e o Patrimônio Líquido.

c) a diferença entre o Ativo Circulante e o Passivo Circulante.

d) a diferença entre o Patrimônio Líquido e o Ativo Fixo

e) todas as alternativas anteriores estão incorretas.

Atividades Práticas ❶

Com base no Balanço Patrimonial e na Demonstração do Resultado do Exercício (Período) da Comercial Vancouver S/A, calcule os seguintes quocientes:

1. Participação dos capitais de terceiros em relação aos capitais próprios;

2. Composição do Endividamento;

3. Imobilização do Patrimônio Líquido;

4. Imobilização dos Recursos Não Correntes;

5. Liquidez Geral;

6. Liquidez Corrente;
7. Liquidez Seca;
8. Liquidez Imediata;
9. Giro do Ativo;
10. Margem Líquida;
11. Rentabilidade do Ativo;
12. Rentabilidade do Patrimônio Líquido.

ENTIDADE: Comercial Vancouver S/A
BALANÇO PATRIMONIAL
EXERCÍCIO FINDO EM: 31.12.X3

ATIVO		PASSIVO	
ATIVO CIRCULANTE		PASSIVO CIRCULANTE	
Disponibilidades	121.700	Obrigações a Fornecedores	187.200
Contas a Receber	410.000	Obrigações Financeiras	40.900
Investimentos Temp. CP	35.500	Obrigações Fiscais	60.000
Estoques	320.000	Obrigações Trabalhistas	90.000
Total	887.200	Outras Obrigações	25.000
		Total	403.100
ATIVO NÃO CIRCULANTE		PASSIVO NÃO CIRCULANTE	
ATIVO REALIZÁVEL LP		PASSIVO EXIGÍVEL LP	
Contas a Receber	180.000	Obrigações a Fornecedores	35.000
Outros Créditos	30.000	Obrigações Financeiras	300.000
Total	210.000	Total	335.000
Investimentos	115.000	PATRIMÔNIO LÍQUIDO	
Ativo Imobilizado	230.000	Capital Social	70.000
Ativo Intangível	70.000	Reservas	704.100
Total	415.000	Total	774.100
Total Geral do Ativo	1.512.200	Total Geral do Passivo	1.512.200

ENTIDADE: Comercial Vancouver S/A
DEMONSTRAÇÃO DO RESULTADO DO EXERCÍCIO
EXERCÍCIO FINDO EM: 31.12.X3

DESCRIÇÃO	$
1. RECEITA OPERACIONAL BRUTA	
• Vendas de Mercadorias	2.394.000
2. DEDUÇÕES E ABATIMENTOS	
• Vendas Anuladas	(20.000)
• Descontos Incondicionais	(10.000)
• Tributos sobre Vendas	(568.000)

Noções de Análise de Demonstrações Contábeis

DESCRIÇÃO	$
3. RECEITA OPERACIONAL LÍQUIDA (1 – 2)	1.796.000
4. CUSTOS OPERACIONAIS	
• Custo das Mercadorias Vendidas	(1.050.000)
5. LUCRO OPERACIONAL BRUTO (3 – 4)	746.000
6. DESPESAS OPERACIONAIS	
• Despesas com as Vendas	(192.000)
• Despesas Financeiras	(366.000)
• (+) Receitas Financeiras	109.000
• Despesas Gerais e Administrativas	(213.000)
• Outras Despesas Operacionais	(12.000)
7. OUTRAS RECEITAS OPERACIONAIS	117.000
8. LUCRO (PREJUÍZO) OPERACIONAL (5 – 6 + 7)	189.000
9. OUTRAS RECEITAS	–
10. OUTRAS DESPESAS	(40.000)
11. RESULTADO DO EXERCÍCIO ANTES DA TRIBUTAÇÃO (8 + 9 – 10)	149.000
12. TRIBUTOS SOBRE O LUCRO LÍQUIDO	(39.000)
13. RESULTADO DO EXERCÍCIO APÓS A TRIBUTAÇÃO (11 – 12)	110.000
14. PARTICIPAÇÕES	(20.000)
15. LUCRO LÍQUIDO DO EXERCÍCIO (13 – 14)	90.000
16. LUCRO LÍQUIDO POR AÇÃO DO CAPITAL	2,23

4.6 Interpretação isolada de quocientes

Nesta seção, apresentaremos um exemplo prático no qual analisaremos a situação econômica e financeira de uma entidade, por meio da interpretação isolada dos quocientes em relação a um só exercício social.

A Interpretação Isolada dos Quocientes consiste em uma avaliação do significado intrínseco de cada quociente.

Trata-se de um processo simples que apresenta um efeito mais didático do que propriamente prático, pois a análise de Demonstrações Contábeis somente alcança sua plenitude quando efetuada por meio da interpretação conjunta dos quocientes em um mesmo exercício ou em sucessivos exercícios, além da comparação com quocientes-padrão.

No Capítulo 7 deste livro, você encontrará um exemplo prático completo envolvendo todo o processo de Análise e Interpretação de Demonstrações Contábeis.

Fundamentados nas informações apresentadas nas seções 4.3 a 4.5 deste capítulo, analisaremos a situação econômica e financeira da Comercial Seul S/A.

Demonstrações padronizadas para fins de análise

ENTIDADE: Comercial Seul S/A
BALANÇO PATRIMONIAL PADRONIZADO
EXERCÍCIO FINDO EM: 31.12.X1

CONTAS	$
ATIVO	
ATIVO CIRCULANTE	
Financeiro	
Disponibilidades	60.000
Investimentos Temporários a Curto Prazo	36.000
Soma	96.000
Operacional	
Contas a Receber de Clientes	204.000
Estoques	300.000
Outros Direitos de Curto Prazo	–
Soma	504.000
Total do Ativo Circulante	600.000
ATIVO NÃO CIRCULANTE	
Ativo Realizável a Longo Prazo	100.000
Investimentos	90.000
Imobilizado	195.000
Intangível	15.000
Total do Ativo Não Circulante	400.000
Total do Ativo	1.000.000
PASSIVO	
PASSIVO CIRCULANTE	
Operacional	
Contas a Pagar a Fornecedores	60.000
Outras Obrigações a Curto Prazo	130.000
Soma	190.000
Financeiro	
Empréstimos	104.000
Duplicatas Descontadas	–
Soma	104.000
Total do Passivo Circulante	194.000

CONTAS	$
PASSIVO NÃO CIRCULANTE	
Passivo Exigível a Longo Prazo	200.000
EXIGÍVEL TOTAL	494.000
PATRIMÔNIO LÍQUIDO	
Capital	300.000
Reservas	206.000
TOTAL DO PATRIMÔNIO LÍQUIDO	506.000
Total do Passivo	1.000.000

ENTIDADE: Comercial Seul S/A
DEMONSTRAÇÃO DO RESULTADO DO EXERCÍCIO PADRONIZADA
EXERCÍCIO FINDO EM: 31.12.X1

DESCRIÇÃO	$
RECEITA LÍQUIDA DE VENDAS	1.071.225
(–) CUSTO DE MERCADORIAS, PRODUTOS E SERVIÇOS VENDIDOS	(450.000)
(=) LUCRO BRUTO	621.225
(–) DESPESAS OPERACIONAIS	
• Despesas com Vendas	(144.450)
• Despesas Gerais e Administrativas	(257.310)
• Outras Despesas Operacionais	(9.000)
(+) OUTRAS RECEITAS OPERACIONAIS	18.085
(=) RESULTADO OPERACIONAL (antes do Resultado Financeiro)	228.550
(+) RECEITAS FINANCEIRAS	36.000
(–) DESPESAS FINANCEIRAS	(8.550)
(=) RESULTADO OPERACIONAL	256.000
(±) OUTROS RESULTADOS	(26.000)
(=) RESULTADO DO EXERCÍCIO ANTES DA TRIBUTAÇÃO	230.000
(–) TRIBUTOS	(36.000)
(–) PARTICIPAÇÕES	–
(=) LUCRO OU PREJUÍZO LÍQUIDO DO EXERCÍCIO	194.000

Solução

Veja, a seguir, devidamente separada por seus respectivos grupos, como se efetua a análise do significado intrínseco de cada quociente.

1. Análise da Situação Financeira

1.1   Quocientes de Estrutura de Capitais

1.1.1   Participação dos capitais de terceiros

$$\frac{\text{Exigível Total}}{\text{Patrimônio Líquido}} = \frac{494.000}{506.000} = 0,97$$

O quociente de 0,97 encontrado indica que, para cada $ 1 de capitais próprios, existem, aplicados na empresa, $ 0,97 de capitais de terceiros.

A folga de $ 0,03 indica que a empresa não se encontra em mãos de terceiros.

Embora a diferença entre os capitais próprios e os capitais de terceiros seja pequena, o quociente revela que a Comercial Seul opera com capitais próprios em proporção maior do que com capitais de terceiros, apresentando uma situação satisfatória do ponto de vista do endividamento.

1.1.2   Composição do Endividamento

$$\frac{\text{Passivo Circulante}}{\text{Exigível Total}} = \frac{294.000}{494.000} = 0,59$$

O quociente de 0,59 indica que, para cada $ 1 de dívidas totais, existem $ 0,59 de obrigações vencíveis em curto prazo, isto é, a Comercial Seul S/A terá de repor, em curto prazo, apenas 59% dos capitais tomados de terceiros.

Considerando que é normal as obrigações de curto prazo serem superiores às obrigações de longo prazo, podemos concluir que o quociente revela uma situação favorável, pois 41% dos recursos tomados de terceiros serão pagos após um ano, tempo suficiente para que a empresa gere recursos para saldá-los.

1.1.3   Imobilização do Patrimônio Líquido

$$\frac{\text{Ativo Não Circulante – Realizável a Longo Prazo}}{\text{Patrimônio Líquido}} = \frac{300.000}{506.000} = 0,59$$

O quociente de 0,59 revela que, para cada $ 1 do Patrimônio Líquido, a empresa imobilizou $ 0,59.

Sendo inferior a 1, o quociente indica a existência do Capital Circulante Próprio, utilizado para financiar parte do Capital em Giro (Ativo Circulante mais Ativo Realizável a Longo Prazo), constituindo um ponto altamente positivo para a situação financeira da empresa.

1.1.4 Imobilização dos Recursos Não Correntes

$$\frac{\text{Ativo Não Circulante} - \text{Realizável a Longo Prazo}}{\text{Patrimônio Líquido} + \text{Passivo Exigível a Longo Prazo}} = \frac{300.000}{706.000} = 0,42$$

O quociente de 0,42 indica que, para cada $ 1 de Patrimônio Líquido, mais Exigível a Longo Prazo, a empresa imobilizou $ 0,42.

Na análise do quociente anterior, verificamos que os Investimentos efetuados no Ativo Fixo consumiram apenas 59% do Patrimônio Líquido. A análise desse quociente apresenta uma situação ainda melhor, pois, no denominador, adicionamos ao Patrimônio Líquido o total do Exigível a Longo Prazo.

Assim, o quociente revela que os Recursos Não correntes foram suficientes para cobrir todo o Ativo Fixo e, ainda, parte do Capital em Giro na empresa.

1.2 Quocientes de Liquidez

1.2.1 Liquidez Geral

$$\frac{\text{Ativo Circulante} + \text{Ativo Realizável a Longo Prazo}}{\text{Passivo Circulante} + \text{Passivo Exigível a Longo Prazo}} = \frac{700.000}{494.000} = 1,41$$

O quociente de 1,41 indica que a empresa Comercial Seul S/A possui, no Ativo Circulante e Realizável a Longo Prazo, recursos financeiros suficientes para cobrir todas suas obrigações de curto e de longo prazo, tendo, ainda, uma folga de $ 0,41 para cada $ 1 de dívida.

Essa folga de $ 0,41 decorre da existência do Capital Circulante Próprio, que ficou evidenciado pela análise do Quociente de Imobilização do Patrimônio Líquido.

1.2.2 Liquidez Corrente

$$\frac{\text{Ativo Circulante}}{\text{Passivo Circulante}} = \frac{600.000}{294.000} = 2,04$$

O quociente de 2,04 revela que a Comercial Seul S/A possui, no Ativo Circulante, recursos suficientes para pagar todas as obrigações de curto prazo e, ainda, sobrar uma folga de $ 1,04 para cada $ 1 de dívida.

Essa folga de $ 1,04 revela a existência do Capital Circulante Líquido, evidenciando que a empresa em análise não utilizou capitais de terceiros em excesso e, consequentemente, não precisará transferir todo o seu Lucro para terceiros.

Se a empresa Comercial Seul S/A não tiver dinheiro suficiente em Caixa para cobrir obrigações de curtíssimo prazo, ela poderá levantar recursos em qualquer instituição financeira, uma vez que o quociente de 2,04 evidencia a existência de garantia aos credores para esse tipo de operação.

1.2.3   Liquidez Seca

$$\frac{\text{Ativo Circulante} - \text{Estoques}}{\text{Passivo Circulante}} = \frac{300.000}{294.000} = 1,02$$

Esse quociente revela que a Comercial Seul S/A possui recursos em seu Ativo Circulante Líquido (Disponibilidades mais direitos de conversibilidade garantida), suficientes para saldar seus compromissos de curto prazo.

Se a análise do Quociente de Liquidez Corrente já revelou uma situação de solvência bastante satisfatória, esse quociente – que indica com maior precisão a situação de solvência da empresa – evidencia, também, uma ótima situação de liquidez.

1.2.4   Liquidez Imediata

$$\frac{\text{Disponibilidades}}{\text{Passivo Circulante}} = \frac{60.000}{294.000} = 0,20$$

O quociente de 0,20 indica que, para cada $ 1 de dívida em curto prazo, existem $ 0,20 no caixa da empresa.

Para melhor aquilatar a validade intrínseca desse quociente, será necessário analisar outros dados, principalmente os prazos de vencimentos das obrigações, conforme já comentamos na seção 4.4 deste capítulo.

No caso da Comercial Seul S/A, pela própria situação favorável revelada pelos demais quocientes de liquidez, vamos supor que, do total das obrigações de curto prazo, 10% vençam em 20 dias. Nesse caso, podemos considerar satisfatório o quociente de 0,20 encontrado.

1.3   Quocientes de Rentabilidade

1.3.1   Giro do Ativo

$$\frac{\text{Vendas Líquidas}}{\text{Ativo Total}} = \frac{1.071.225}{1.000.000} = 1,07$$

O quociente de 1,07 indica que os Investimentos totais efetuados na empresa giraram mais de uma vez.

Para saber se esse quociente é satisfatório ou não, deve-se analisar o Quociente de Margem Líquida.

1.3.2 Margem Líquida

$$\frac{\text{Lucro Líquido}}{\text{Vendas Líquidas}} = \frac{194.000}{1.071.225} = 0{,}18$$

O quociente de 0,18 obtido indica que, para cada $ 1 de vendas, a empresa obteve $ 0,18 de lucro líquido. Conjugando o resultado desse quociente com o resultado do quociente anterior, podemos dizer que o volume de vendas efetuado foi suficiente para cobrir os custos, restando, ainda, uma margem de lucro.

1.3.3 Rentabilidade do Ativo

$$\frac{\text{Lucro Líquido}}{\text{Ativo Total}} = \frac{194.000}{1.000.000} = 0{,}19$$

O quociente de 0,19 revela que, para cada $ 1 investido no Ativo, houve uma lucratividade de $ 0,19.

Para melhor aquilatar a importância desse quociente de 0,19, vamos calcular o prazo de retorno do capital total investido na empresa, para saber em quantos anos a empresa terá duplicado o valor de seu Ativo.

a) Multiplica-se o quociente por 100:
   $0{,}19 \times 100 = 19\%$
b) Por meio de regra de três, calculamos o prazo de retorno do capital investido:
   Faremos:
   1 ano = 19%
   x anos = 100%
   Em que:
   $100 \times 1/19 = 5{,}26$ anos

Concluímos que, utilizando exclusivamente os Lucros apurados, a Comercial Seul S/A precisará de 5,26 anos para dobrar os Investimentos efetuados em seu Ativo.

Para saber se esse quociente é satisfatório, é necessário compará-lo com os quocientes-padrão, que serão estudados no Capítulo 6.

1.3.4 Rentabilidade do Patrimônio Líquido

$$\frac{\text{Lucro Líquido}}{\text{Patrimônio Líquido}} = \frac{194.000}{506.000} = 0{,}38$$

O quociente de 0,38 indica que a Comercial Seul S/A obteve $ 0,38 de Lucro líquido para cada $ 1 de Capital Próprio investido.

Para melhor aquilatar a importância do quociente de 0,38, vamos calcular o prazo de retorno do capital investido:

a) multiplica-se o quociente por 100:
   $0,38 \times 100 = 38\%$
b) por meio de regra de três, calcula-se o tempo necessário para obter o retorno do capital investido:
   Faremos:
   1 ano = 38%
   x anos = 100%
   Em que:
   $100 \times 1/38 = 2,63$ anos

Pelos cálculos efetuados, concluímos que os proprietários da Comercial Seul S/A terão de volta o valor do Capital que investiram na empresa em 2,63 anos.

Em outras palavras, isso significa que a empresa precisa de apenas 2,63 anos para dobrar o valor do capital investido, utilizando apenas os lucros apurados.

Independentemente de comparação com padrões, o quociente representa situação altamente positiva.

no ta
- Todo processo de Análise de Demonstrações Contábeis deve ser concluído com a elaboração de um relatório. Veja o relatório referente à análise da Comercial Seul S/A na seção 7.3 deste livro.

Atividades Práticas

Agora que você já aprendeu como se faz a interpretação isolada dos quocientes, solucione as práticas a seguir.

Prática 1

Com base nas Demonstrações Contábeis da Comercial Paris S/A, devidamente padronizadas para fins de análise, efetue os cálculos e a interpretação isolada dos quocientes de Estrutura de Capitais, Liquidez e Rentabilidade:

ENTIDADE: Comercial Paris S/A	
BALANÇO PATRIMONIAL PADRONIZADO PARA ANÁLISE	
EXERCÍCIO FINDO EM: 31.12.X1	
CONTAS	**$**
ATIVO	
ATIVO CIRCULANTE	
Financeiro	
• Disponibilidades	4.000
• Investimentos Temporários a Curto Prazo	–
Total do Ativo Circulante Financeiro	4.000
Operacional	
• Contas a Receber de Clientes	5.000
• Estoques	9.000
• Outros Direitos de Curto Prazo	–
Total do Ativo Circulante Operacional	14.000
TOTAL DO ATIVO CIRCULANTE	18.000
ATIVO NÃO CIRCULANTE	
Ativo Realizável a Longo Prazo	–
Total do Ativo Realizável a Longo Prazo	15.000
Investimentos	2.000
Imobilizado	35.000
Intangível	72.000
Total do Ativo Fixo	72.000
TOTAL DO ATIVO NÃO CIRCULANTE	90.000
TOTAL DO ATIVO	
PASSIVO	
PASSIVO CIRCULANTE	
Operacional	
• Contas a Pagar a Fornecedores	4.000
• Outras Obrigações a Curto Prazo	3.500
Total do Passivo Circulante Operacional	7.500
Financeiro	
• Empréstimos	–
• Duplicatas Descontadas	–
Total do Passivo Circulante Financeiro	–
TOTAL DO PASSIVO CIRCULANTE	7.500

CONTAS	$
PASSIVO NÃO CIRCULANTE	
Passivo Exigível a Longo Prazo	2.500
EXIGÍVEL TOTAL	10.000
PATRIMÔNIO LÍQUIDO	
Capital	20.000
Reservas	5.000
TOTAL DO PATRIMÔNIO LÍQUIDO	25.000
Total do Passivo	35.000

ENTIDADE: Comercial Paris S/A
DEMONSTRAÇÃO DO RESULTADO DO EXERCÍCIO PADRONIZADA PARA ANÁLISE
EXERCÍCIO FINDO EM: 31.12.X1

DESCRIÇÃO	$
RECEITA LÍQUIDA DE VENDAS	60.000
(–) CUSTO DE MERCADORIAS, PRODUTOS E SERVIÇOS VENDIDOS	(24.000)
(=) LUCRO BRUTO	36.000
(–) DESPESAS OPERACIONAIS	
• Despesas com Vendas	(9.000)
• Despesas Gerais e Administrativas	(15.000)
• Outras Despesas Operacionais	(3.000)
(+) OUTRAS RECEITAS OPERACIONAIS	–
(=) RESULTADO OPERACIONAL (antes do Resultado Financeiro)	9.000
(+) RECEITAS FINANCEIRAS	2.700
(–) DESPESAS FINANCEIRAS	(1.000)
(=) RESULTADO OPERACIONAL	10.700
(±) OUTROS RESULTADOS	(3.200)
(=) RESULTADO DO EXERCÍCIO ANTES DA TRIBUTAÇÃO	7.500
(–) TRIBUTOS	(3.200)
(–) PARTICIPAÇÕES	–
(=) LUCRO OU PREJUÍZO LÍQUIDO DO EXERCÍCIO	4.000

Prática 2

Com base nas Demonstrações Contábeis já devidamente padronizadas para fins de análise, efetue os cálculos e a interpretação isolada dos quocientes de Estrutura de Capitais, Liquidez e Rentabilidade.

Se, após a interpretação dos quocientes, você constatar que a situação econômica e financeira da empresa não é satisfatória, que sugestões daria para resolver o problema?

ENTIDADE: Comercial Madri Ltda. BALANÇO PATRIMONIAL PADRONIZADO EXERCÍCIO FINDO EM: 31.12.X1	
CONTAS	**$**
ATIVO	
ATIVO CIRCULANTE	
Financeiro	
• Disponibilidades	9.000
• Investimentos Temporários a Curto Prazo	–
Total do Ativo Circulante Financeiro	9.000
Operacional	
• Contas a Receber de Clientes	38.000
• Estoques	7.000
• Outros Direitos de Curto Prazo	–
Total do Ativo Circulante Operacional	45.000
TOTAL DO ATIVO CIRCULANTE	54.000
ATIVO NÃO CIRCULANTE	
Ativo Realizável a Longo Prazo	–
Investimentos	10.000
Imobilizado	50.000
Intangível	–
Total do Ativo Fixo	60.000
TOTAL DO ATIVO NÃO CIRCULANTE	60.000
TOTAL DO ATIVO	114.000
PASSIVO	
PASSIVO CIRCULANTE	
Operacional	
• Contas a Pagar a Fornecedores	43.000
• Outras Obrigações a Curto Prazo	12.000
Total do Passivo Circulante Operacional	55.000
Financeiro	
• Empréstimos	12.000
• Duplicatas Descontadas	–
Total do Passivo Circulante Financeiro	12.000
TOTAL DO PASSIVO CIRCULANTE	67.000

CONTAS	$
PASSIVO NÃO CIRCULANTE	
Passivo Exigível a Longo Prazo	–
EXIGÍVEL TOTAL	67.000
PATRIMÔNIO LÍQUIDO	
Capital	70.000
Reservas	5.000
Prejuízos Acumulados	(28.000)
TOTAL DO PATRIMÔNIO LÍQUIDO	47.000
TOTAL DO PASSIVO	114.000

ENTIDADE: Comercial Paris S/A
DEMONSTRAÇÃO DO RESULTADO DO EXERCÍCIO PADRONIZADA PARA ANÁLISE
EXERCÍCIO FINDO EM: 31.12.X1

DESCRIÇÃO	$
RECEITA LÍQUIDA DE VENDAS	86.000
(–) CUSTO DE MERCADORIAS, PRODUTOS E SERVIÇOS VENDIDOS	(30.000)
(=) LUCRO BRUTO	56.000
(–) DESPESAS OPERACIONAIS	
• Despesas com Vendas	(16.000)
• Despesas Gerais e Administrativas	(29.000)
• Outras Despesas Operacionais	(5.000)
(+) OUTRAS RECEITAS OPERACIONAIS	–
(=) RESULTADO OPERACIONAL (antes do Resultado Financeiro)	6.000
(+) RECEITAS FINANCEIRAS	–
(–) DESPESAS FINANCEIRAS	(29.000)
(=) RESULTADO OPERACIONAL	(23.000)
(±) OUTROS RESULTADOS	(5.000)
(=) RESULTADO DO EXERCÍCIO ANTES DA TRIBUTAÇÃO	(28.000)
(–) TRIBUTOS	–
(–) PARTICIPAÇÕES	–
(=) LUCRO OU PREJUÍZO LÍQUIDO DO EXERCÍCIO	(28.000)

4.7 Interpretação Conjunta de Quocientes

Embora a interpretação isolada dos quocientes tenha sua importância, a análise de Demonstrações Contábeis por meio de quocientes ganha maior solidez quando os quocientes são interpretados em conjunto.

Noções de Análise de Demonstrações Contábeis

A Interpretação Conjunta dos Quocientes pode ser feita comparando-os entre si e/ou em sucessivos períodos.

Os quocientes de Estrutura de Capitais, de Liquidez e de Rentabilidade são interdependentes, pois a empresa que tiver uma boa rentabilidade certamente não estará endividada e terá liquidez estável.

As indagações que surgem na interpretação isolada de cada quociente podem ser esclarecidas por meio da interpretação conjunta.

Você deve ter percebido que, mesmo analisando o significado intrínseco de cada quociente, em várias ocasiões fizemos, ainda que de maneira incipiente, comparação entre alguns quocientes.

Para que a Análise das Demonstrações Contábeis reflita adequadamente a situação econômica e financeira da entidade objeto da análise, é preciso que todo o processo de análise seja realizado, isto é, que, além da interpretação dos quocientes isoladamente e em conjunto, sejam feitas a análise vertical e horizontal e a comparação com padrões, conforme veremos no Capítulo 7.

4.8 Outros quocientes de interesse

Os Quocientes de Estrutura de Capitais, de Liquidez e de Rentabilidade apresentados até aqui são suficientes para o analista obter um bom diagnóstico a respeito da situação econômica e financeira de qualquer tipo de entidade.

Do relacionamento entre os diversos grupos de contas das Demonstrações Contábeis podem ser extraídos muitos quocientes, apresentando cada um sua importância de acordo com o aspecto da análise e com o objetivo que se tem em mente.

A seguir, apresentamos outros grupos de quocientes de interesse.

4.8.1 Quocientes de Rotação ou de Atividades

Os Quocientes de Rotação, também conhecidos como Quocientes de Atividades, obtidos pelo confronto dos elementos da Demonstração do Resultado do Exercício com elementos do Balanço Patrimonial, evidenciam o tempo necessário para que os elementos do Ativo se renovem.

4.8.1.1 *Rotação de Estoques*

Para empresas comerciais:

$$\text{Fórmula:} \quad \frac{\text{CUSTO DAS MERCADORIAS VENDIDAS}}{\text{ESTOQUE MÉDIO DE MERCADORIAS}}$$

Para empresas industriais:

$$\text{Fórmula:} \quad \frac{\text{CUSTO DOS PRODUTOS VENDIDOS}}{\text{ESTOQUE MÉDIO DE PRODUTOS ACABADOS}}$$

Esse quociente evidencia quantas vezes ocorreu renovação dos estoques de mercadorias ou de produtos em função das vendas.

4.8.1.2 Prazo Médio de Recebimento de Contas a Receber

$$\text{Fórmula:} \quad \frac{\text{CONTAS A RECEBER MÉDIAS}}{\text{VENDAS A PRAZO MÉDIAS}}$$

Esse quociente evidencia o tempo que a empresa deverá esperar, em média, para receber o valor de suas vendas efetuadas a prazo.

4.8.1.3 Prazo Médio de Pagamento de Contas a Pagar

$$\text{Fórmula:} \quad \frac{\text{CONTAS A PAGAR MÉDIAS}}{\text{COMPRAS A PRAZO MÉDIAS}}$$

Esse quociente indica o tempo de que a empresa dispõe, em média, para pagar suas obrigações provenientes de compras de mercadorias a prazo.

▶ Os critérios para cálculo do valor das Contas a Pagar Médias, bem como das Compras a Prazo Médias, são os mesmos já informados para cálculo do valor das Contas a Receber Médias e das Vendas a Prazo Médias.

▶ Como Contas a Pagar, para efeito de apuração desse quociente, devem ser considerradas apenas aquelas resultantes de compras de mercadorias, matérias-primas e outros materiais para aplicação no processo de fabricação e serviços a prazo, geralmente representadas pelas contas Fornecedores ou Duplicatas a Pagar.

4.8.1.4 *Posicionamento Relativo*

$$\text{Fórmula:} \quad \frac{\text{PRAZO MÉDIO DE RECIMENTOS}}{\text{PRAZO MÉDIO DE PAGAMENTOS}}$$

Esse quociente evidencia a relação existente entre o prazo que a empresa tem para pagar suas compras a prazo e o prazo que ela concede a seus clientes para receber suas vendas a prazo.

4.8.1.5 *Rotação do Ativo*

$$\text{Fórmula:} \quad \frac{\text{VENDAS}}{\text{ATIVO MÉDIO}}$$

Esse quociente evidencia quantas vezes o Ativo girou, isto é, quantas vezes ele se renovou pelas vendas.

▶ Dependendo do interesse, esse quociente poderá relacionar-se com Ativo Circulante, Fixo ou Não Circulante. Assim, as fórmulas poderão ser:

- Vendas/Ativo Circulante;
- Vendas/Ativo Fixo;
- Vendas/Ativo Não Circulante.

- É importante informar, mais uma vez, que, para fins de Análise de Balanços, o Ativo Fixo corresponde ao total do Ativo Não Circulante diminuído do Realizável a Longo Prazo. O Ativo Fixo pode ser obtido, ainda, pela soma dos subgrupos: Investimentos, Imobilizado e Intangível.

- Quanto ao valor das vendas, é possível utilizar Vendas Brutas ou Vendas Líquidas.

- Os critérios para cálculo do valor do Ativo Médio são os mesmos já estudados para cálculo do valor das Contas a Receber Médias, das Vendas a Prazo Médias etc.

- Para obter o valor do Ativo Médio, é preciso coletar o maior número possível de informações, considerando, no mínimo, a soma dos saldos inicial e final, dividida por 2.

4.8.2 Quocientes de capitais próprios

Os quocientes de capitais próprios, obtidos a partir do confronto entre o Patrimônio Líquido e vários elementos do Balanço Patrimonial, ressaltam a posição do Capital Próprio no conjunto patrimonial.

Dependendo do interesse do analista, várias fórmulas podem ser elaboradas.

Veja algumas delas:

$$\text{Fórmula:} \quad \frac{\text{PATRIMÔNIO LÍQUIDO}}{\text{ATIVO CIRCULANTE}}$$

Esse quociente evidencia quanto a empresa possui de capital próprio para cada $ 1 de Ativo Circulante.

$$\text{Fórmula:} \quad \frac{\text{PATRIMÔNIO LÍQUIDO}}{\text{ATIVO TOTAL}}$$

Esse quociente evidencia quanto a empresa possui de Capital Próprio para cada $ 1 de Ativo Total.

$$\text{Fórmula:} \quad \frac{\text{PATRIMÔNIO LÍQUIDO}}{\text{ATIVO REAL}}$$

Esse quociente evidencia quanto a empresa possui de Capital Próprio para cada $ 1 de Ativo Real.

O Ativo Real compreende o Ativo Total diminuído das Despesas do Exercício Seguinte (AC) e das Despesas de Exercícios Futuros (ARLP).

4.8.3 Quociente de Estabilidade

O Quociente de Estabilidade, também conhecido como Medida de Estabilidade, é obtido a partir do confronto entre o Ativo Fixo e o Passivo Exigível a Longo Prazo.

$$\text{Fórmula:} \quad \frac{\text{ATIVO FIXO}}{\text{PASSIVO EXIGÍVEL A LONGO PRAZO}}$$

Esse quociente indica quanto a empresa utilizou de capitais de terceiros em longo prazo para cada \$ 1 investido no Ativo Fixo. Mostra a garantia dada a seus credores pelo Ativo Fixo.

Não é aconselhável que a empresa utilize somas elevadas dos capitais de terceiros em curto prazo, bem como do Patrimônio Líquido, em bens fixos, já que os valores aplicados no Ativo Fixo oferecerão rendimento somente para remunerar os capitais de terceiros com os Lucros resultantes das aplicações desses Capitais.

Assim, para financiar o Ativo Fixo, a empresa deve lançar mão de recursos de terceiros em longo prazo.

Esse quociente é considerado Medida de Estabilidade, pois, quando a empresa imobiliza grandes montantes de recursos do Passivo Circulante e do Patrimônio Líquido, esses recursos fazem falta para financiar seu Ativo Circulante. Logo, é conveniente que todo o Ativo Fixo seja garantido pelo Patrimônio Líquido; quando este não for suficiente, recomenda-se que a empresa utilize parte ou o total dos recursos do Passivo Exigível a Longo Prazo, para evitar que parte do ativo fixo seja financiada por parte do passivo Circulante.

Sempre que houver interesse da empresa em expandir seu negócio, a expansão deve ser coberta pelo Passivo Exigível a Longo Prazo, evitando o comprometimento dos capitais próprios e dos capitais de terceiros a Curto Prazo. A Medida de Estabilidade apresenta garantia em longo prazo aos credores, sendo que, quanto maior o Ativo Fixo, maior a garantia oferecida.

4.8.4 Quocientes de interesse dos Investidores

Nesta seção, relacionamos os quocientes mais expressivos mediante os quais os investidores podem conhecer a rentabilidade que vem sendo obtida pelas entidades nas quais pretendem investir.

Convém ressaltar que, antes de aplicar suas economias, o bom investidor deve analisar a situação econômica e financeira da empresa, por meio dos Quocientes de Estrutura de Capitais, de Liquidez e de Rentabilidade.

4.8.4.1 *Rendimento das Ações*

a) Rendimento Nominal

$$\text{Fórmula:} \quad \frac{\text{DIVIDENDOS}}{\text{CAPITAL NOMINAL}}$$

Esse quociente mostra o rendimento obtido pelos acionistas por meio de dividendos recebidos em relação ao Capital Nominal investido na empresa; em outras palavras, quanto a empresa distribuiu de dividendos para cada $ 1 de Capital Nominal.

Capital Nominal é a parte dos capitais próprios investida na empresa pelo titular ou pelos sócios. É contabilizado em uma conta do grupo Patrimônio Líquido, que pode ser denominada Capital, Capital Subscrito, Capital Social ou, ainda, Capital Nominal.

b) Rendimento Real

$$\text{Fórmula:} \quad \frac{\text{DIVIDENDOS}}{\text{PATRIMÔNIO LÍQUIDO}}$$

Esse quociente indica a rentabilidade obtida pelo Patrimônio Líquido da empresa, ou seja, quanto a empresa pagou de dividendos para cada $ 1 de Patrimônio Líquido existente.

c) Rendimento Atualizado

$$\text{Fórmula:} \quad \frac{\text{DIVIDENDOS}}{\text{VALOR DE MERCADO DA AÇÃO}}$$

Esse quociente aponta a rentabilidade oferecida por ação em relação a seu preço de cotação na Bolsa, isto é, quanto a empresa distribuiu de dividendos para cada ação, considerando seu valor de mercado.

d) Rendimento Total

$$\text{Fórmula:} \quad \frac{\text{DIVIDENDOS + BONIFICAÇÕES}}{\text{VALOR DE MERCADO DA AÇÃO}}$$

Esse quociente mostra qual foi a remuneração total oferecida pela empresa para cada ação. Em outras palavras, qual foi o montante financeiro que a empresa pagou de dividendos mais bonificações para cada ação, considerando seu valor de mercado.

4.8.4.2 *Retorno do Capital Investido*

$$\text{Fórmula:} \quad \frac{\text{VALOR DE MERCADO DA AÇÃO}}{\text{LUCRO LÍQUIDO POR AÇÃO}}$$

Noções de Análise de Demonstrações Contábeis

Esse quociente indica o número de anos que o investidor deverá esperar para recuperar, por meio de Lucros recebidos, o Capital que investiu na compra de ações da empresa.

Note que informação semelhante também pode ser obtida por meio do quociente de Rentabilidade do Patrimônio Líquido, estudado na Seção 4.5.4.

4.8.4.3 Valor Patrimonial da Ação

$$\text{Fórmula:} \quad \frac{\text{PATRIMÔNIO LÍQUIDO}}{\text{NÚMERO DE AÇÕES EM CIRCULAÇÃO}}$$

Esse quociente evidencia o valor patrimonial de cada ação, isto é, quanto de Patrimônio Líquido existe para cada ação em circulação.

ANÁLISE VERTICAL E ANÁLISE HORIZONTAL

5.1 Introdução

A **Análise Vertical** e a **Análise Horizontal** devem ser utilizadas em conjunto. Servem para complementar as observações efetuadas por meio da **Análise por Quocientes**.

A Análise por Quocientes apresenta dados resultantes da comparação entre itens ou grupos da Demonstração do Resultado do Exercício e do Balanço Patrimonial.

As Análises Vertical e Horizontal são mais detalhadas, envolvendo todos os itens das demonstrações, e revelam as falhas responsáveis pelas situações de anomalia da Entidade.

5.2 Análise Vertical

A Análise Vertical, também denominada por alguns analistas **Análise por Coeficientes**, é aquela por meio da qual se compara cada um dos elementos do conjunto ao total do conjunto. Ela evidencia a porcentagem de participação de cada elemento no conjunto.

O cálculo do percentual que cada elemento ocupa em relação ao conjunto é feito por meio de regra de três, em que o valor-base é igualado a 100, sendo os demais calculados em relação a ele.

Exemplo: para calcular a porcentagem de Participação que a conta Despesas Administrativas, de $ 257.310, ocupa na Demonstração do Resultado do Exercício que tem uma Receita Operacional Líquida de $ 1.372.500, faremos:

$$1.372.500 = 100\%$$
$$257.310 = x$$

Logo:

$$257.310 \times 100/1.372.500 = 18,75\%$$

A porcentagem encontrada corresponde ao percentual de participação das Despesas Administrativas em relação ao volume da Receita Líquida das Vendas.

No Balanço Patrimonial, a Análise Vertical abrange cálculos de percentuais de todas as contas, podendo relacioná-las tanto com os grupos a que pertencem como com o total do Ativo e/ou do Passivo, conforme o caso.

Veja o Balanço Patrimonial, padronizado, da Comercial Seul S/A, com os percentuais devidamente calculados para efeito de Análise Vertical.

ENTIDADE: Comercial Seul S/A
BALANÇO PATRIMONIAL PADRONIZADO
EXERCÍCIO FINDO EM: 31.12.X1

CONTAS	VALORES ABSOLUTOS ($)	ANÁLISE VERTICAL (%)
ATIVO		
ATIVO CIRCULANTE		
Financeiro		
• Disponibilidades	60.000	6,0
• Investimentos Temporários (CP)	36.000	3,6
Total do Ativo Circulante Financeiro	96.000	9,60
Operacional		
• Contas a Receber de Clientes	204.000	20,40
• Estoques	300.000	30,00
• Outros Direitos (CP)	–	–
Total do Ativo Circulante Operacional	504.000	50,40
Total do Ativo Circulante	600.000	60,00
ATIVO NÃO CIRCULANTE		
Ativo Realizável a Longo Prazo	100.000	10,00
Investimentos	90.000	9,00
Imobilizado	195.000	19,50
Intangível	15.000	1,50
Total do Ativo	1.000.000	100,00
PASSIVO		
PASSIVO CIRCULANTE		
Operacional		
• Contas a Pagar a Fornecedores	60.000	6,00
• Outras Obrigações (CP)	130.000	13,00
Total do Passivo Circulante Operacional	190.000	19,00
Financeiro		
• Empréstimos	104.000	10,40
• Duplicatas Descontadas	–	–
Total do Passivo Circulante Financeiro	104.000	10,40
TOTAL DO PASSIVO CIRCULANTE	294.000	29,40

CONTAS	VALORES ABSOLUTOS ($)	ANÁLISE VERTICAL (%)
PASSIVO NÃO CIRCULANTE		
Passivo Exigível a Longo Prazo	200.000	20,00
EXIGÍVEL TOTAL	494.000	49,40
PATRIMÔNIO LÍQUIDO		
Capital	300.000	30,00
Reservas	206.000	20,60
TOTAL DO PATRIMÔNIO LÍQUIDO	506.000	50,60
TOTAL DO PASSIVO	1.000.000	100,00

Veja a Demonstração do Resultado do Exercício, padronizada, com os cálculos efetuados para fins de Análise Vertical, da Comercial Seul S/A, referente ao exercício de X1:

ENTIDADE: Comercial Seul S/A
DEMONSTRAÇÃO DO RESULTADO DO EXERCÍCIO PADRONIZADA
EXERCÍCIO FINDO EM: 31.12.X1

CONTAS	VALORES ABSOLUTOS ($)	ANÁLISE VERTICAL (%)
RECEITA LÍQUIDA DE VENDAS	1.071.225	100,00
(–) CUSTO DE MERC., PROD. E SERV. VEND.	(450.000)	42,00
(=) LUCRO BRUTO	621.225	58,00
(–) DESPESAS OPERACIONAIS		
• Despesas com Vendas	(144.450)	13,48
• Despesas Gerais e Administrativas	(257.310)	24,02
• Outras Despesas Operacionais	(9.000)	0,84
(+) OUTRAS RECEITAS OPERACIONAIS	18.085	1,68
(=) RESULTADO OPERACIONAL ANTES DO RES. FINAN.	228.550	21,33
(+) RECEITAS FINANCEIRAS	36.000	3,36
(–) DESPESAS FINANCEIRAS	(8.550)	0,79
(=) RESULTADO OPERACIONAL	256.000	23,89
(±) OUTROS RESULTADOS	(26.000)	2,42
(=) RESULTADO DO EXERCÍCIO ANTES DA TRIBUTAÇÃO	230.000	21,47
(–) TRIBUTOS	(36.000)	3,36
(–) PARTICIPAÇÕES	–	–
(=) LUCRO OU PREJUÍZO LÍQUIDO DO EXERCÍCIO	194.000	18,11

O principal objetivo da Análise Vertical é mostrar a importância de cada conta na demonstração contábil a que pertence.

A Análise Vertical pode ser feita em qualquer demonstração contábil, mas alcança sua plenitude quando efetuada na Demonstração do Resultado do Exercício.

A Demonstração do Resultado do Exercício padronizada para fins de análise, apresentada como sugestão nesta obra, inicia-se com o valor da Receita Líquida de Vendas, do qual é subtraído o Custo das Mercadorias Vendidas e/ou dos Serviços Prestados, além de todas as despesas incorridas no período, e adicionado o valor das demais receitas, chegando-se ao Resultado do Exercício antes da tributação (ou antes das deduções). Depois de deduzidos os tributos incidentes sobre o Lucro Líquido e as Participações, se houver, chega-se ao Lucro ou Prejuízo Líquido do Exercício.

Observe a Demonstração do Resultado do Exercício da Comercial Seul S/A e veja que a porcentagem do Lucro Líquido do Exercício em relação à Receita Líquida de Vendas é de 18,11%.

É fácil compreender que, quanto maiores forem os custos e as despesas, menor será a porcentagem do Lucro Líquido em relação à Receita Líquida de Vendas.

Assim, a porcentagem de Participação de cada conta de Receita, Custo e Despesa tem influência direta sobre a porcentagem do Lucro Líquido.

A redução do Lucro Líquido de um período para outro pode ser resultado do aumento indesejado de alguns itens de despesa, o que é facilmente verificado por meio da Análise Vertical.

É conveniente acompanhar constantemente o percentual de Participação de cada despesa em relação ao valor da Receita Líquida de Vendas, para evitar que esses percentuais, que têm influência direta no Resultado do Exercício, ultrapassem os limites orçados.

5.3 Análise Horizontal

A Análise Horizontal, também denominada por alguns analistas **Análise por meio de Números-índices**, tem como finalidade evidenciar a evolução dos itens das Demonstrações Contábeis ao longo dos anos.

Esse tipo de análise possibilita o acompanhamento do desempenho de cada uma das contas que compõem a demonstração em análise, ressaltando as tendências evidenciadas em cada uma delas, sejam de evolução ou de retração.

Tomemos o valor da Receita Líquida de Vendas de uma empresa que no ano de X1 foi de $ 10.000, e no ano de X5, de $ 210.000. Aparentemente, essa conta apresentou uma grande evolução, tendo crescimento igual a 2.000% (dois mil por cento) em cinco anos.

Por meio da Análise Horizontal, o analista poderá verificar a evolução normal dessa conta e compará-la com a evolução das demais contas da demonstração, para concluir se o Lucro Líquido se comportou da mesma maneira no período.

Caso isso não tenha ocorrido, a análise das demais contas permitirá ao analista verificar os pontos que impediram o crescimento e, ainda, avaliar as tendências de aumento ou de diminuição de Custos, Despesas e outras Receitas.

O analista não poderá, evidentemente, desprezar em sua análise a influência da inflação, que pode concorrer para um crescimento aparente ou para a redução dos valores em análise.

Enquanto a Análise Vertical é feita a partir da comparação de cada elemento do conjunto em relação ao total, em um mesmo período, a Análise Horizontal compara a evolução dos valores de cada conta das demonstrações em análise ao longo de vários períodos.

A Análise Horizontal é feita por meio de Números-índices.

Número-índice é uma operação estatística utilizada pela análise de Demonstrações Contábeis que consiste em substituir os valores constantes das contas de cada exercício por um número percentual que facilita a comparação entre eles.

O mecanismo consiste em escolher um exercício – geralmente o mais antigo – como base, atribuindo a seus valores o percentual de 100 e, a partir desse exercício, calcular os demais valores dos outros exercícios por meio de regra de três, sempre em relação ao primeiro.

Exemplo: suponhamos que a Demonstração do Resultado do Exercício de determinada empresa apresente os seguintes valores da Receita Operacional Líquida:

- Exercício de X1 = 2.500.000
- Exercício de X2 = 7.322.200
- Exercício de X3 = 9.547.111

Escolhendo o exercício de X1 como base, faremos:

Cálculo do Índice para o exercício de X2, por meio de regra de três:

$$\$\,2.500.000 = 100\%$$
$$\$\,7.322.200 = x$$

Logo:

$$7.322.200 \times 100/2.500.000 = 292\%$$

Cálculo do Índice para o exercício de X3:

$$\$\,2.500.000 = 100\%$$
$$\$\,9.547.111 = x$$

Logo:

$$\$\,9.547.111 \times 100/2.500.000 = 382\%$$

Para fins de Análise Horizontal, podemos elaborar uma tabela com base nos dados apurados. Veja:

CONTAS	X1	X2	X3
Receita Operacional Líquida	100%	292%	382%
.....			

De posse da tabela devidamente elaborada, basta analisar a evolução ou a retração de cada conta em relação ao exercício escolhido como base.

A análise pode ser feita, inicialmente, comparando-se os índices obtidos em cada ano sempre em relação ao ano-base. Pode ser feita especificamente em cada item e, depois, em conjunto, possibilitando verificar a influência de cada item um sobre o outro.

E X E M P L O   P R Á T I C O

Veja a Demonstração do Resultado do Exercício, padronizada para fins de análise, da Comercial Seul S/A, referente a três exercícios, e, em seguida, a tabela elaborada para efeito de Análise Horizontal:

ENTIDADE: Comercial Seul S/A
DEMONSTRAÇÃO DO RESULTADO DO EXERCÍCIO PADRONIZADA

CONTAS	EXERCÍCIO X1	EXERCÍCIO X2	EXERCÍCIO X3
RECEITA LÍQUIDA DE VENDAS	1.071.225	1.408.625	1.522.334
(–) CUSTO DE MERCADORIAS, PRODUTOS E SERVIÇOS VENDIDOS	(450.000)	(600.000)	(640.000)
(=) LUCRO BRUTO	621.225	808.625	882.334
(–) DESPESAS OPERACIONAIS			
• Despesas com Vendas	(144.450)	(166.700)	(185.300)
• Despesas Gerais e Administrativas	(257.310)	(286.550)	(315.030)
• Outras Despesas Operacionais	(9.000)	(12.000)	(17.500)
(+) OUTRAS RECEITAS OPERACIONAIS	(18.085)	(20.100)	(13.200)
(=) RESULTADO OPERACIONAL (antes do Resultado Financeiro)	228.550	363.475	377.704
(+) RECEITAS FINANCEIRAS	36.000	32.000	8.900
(–) DESPESAS FINANCEIRAS	(8.500)	(7.300)	(44.000)
(=) RESULTADO OPERACIONAL	256.000	388.175	342.604
(±) OUTROS RESULTADOS	(26.000)	(27.500)	(71.000)
(=) RESULTADO DO EXERCÍCIO ANTES DA TRIBUTAÇÃO	230.000	360.675	271.604
(–) TRIBUTOS	(36.000)	(84.300)	(89.600)
(–) PARTICIPAÇÕES	–	–	–
(=) LUCRO OU PREJUÍZO LÍQUIDO DO EXERCÍCIO	194.000	276.375	182.004

Mediante os dados da Demonstração do Resultado do Exercício da empresa Comercial Seul S/A, referentes aos exercícios de X1, X2 e X3, podemos elaborar uma tabela com os respectivos números-índices devidamente calculados, tendo como base o exercício de X1. Veja:

CONTAS	EXERCÍCIO X1 (%)	EXERCÍCIO X2 (%)	EXERCÍCIO X3 (%)
RECEITA LÍQUIDA DE VENDAS	100,00	131,49	142,11
(–) CUSTO DE MERCADORIAS, PRODUTOS E SERVIÇOS VENDIDOS	100,00	133,33	142,22
(=) LUCRO BRUTO	100,00	130,16	142,00
(–) DESPESAS OPERACIONAIS			
• Despesas com Vendas	100,00	115,40	128,27
• Despesas Gerais e Administrativas	100,00	111,36	122,43
• Outras Despesas Operacionais	100,00	133,33	194,44
(+) OUTRAS RECEITAS OPERACIONAIS	100,00	111,14	72,98
(=) RESULTADO OPERACIONAL (antes do Resultado Financeiro)	100,00	159,03	165,26
(+) RECEITAS FINANCEIRAS	100,00	88,88	24,72
(–) DESPESAS FINANCEIRAS	100,00	85,38	514,61
(=) RESULTADO OPERACIONAL	100,00	151,63	133,82
(±) OUTROS RESULTADOS	100,00	105,76	273,07
(=) RESULTADO DO EXERCÍCIO ANTES DA TRIBUTAÇÃO	100,00	156,81	118,08
(–) TRIBUTOS	100,00	234,66	248,88
(–) PARTICIPAÇÕES	100,00	–	–
(=) LUCRO OU PREJUÍZO LÍQUIDO DO EXERCÍCIO	100,00	142,46	93,81

Observe, na tabela anteriormente apresentada, que o exercício-base de X1 teve, conforme explicamos, seus valores considerados iguais a 100, sendo que os valores dos demais exercícios foram calculados em relação a ele.

Em qualquer processo de Análise de Demonstrações Contábeis, seja por meio de quocientes, comparação com padrões, Análise Vertical ou Análise Horizontal, não se pode desprezar a influência da inflação. Para que as comparações sejam efetuadas visando à menor margem de erro possível, é necessário traduzir todos os valores dos exercícios analisados para uma moeda de poder aquisitivo constante.

Se, por exemplo, essa moeda for o dólar estadunidense, todos os valores a serem analisados em cada exercício devem ser convertidos em dólares.

Ressaltamos mais uma vez que, para fins didáticos, desconsideramos nesta obra qualquer cálculo de inflação, considerando que os valores apresentados já estão traduzidos para uma moeda de poder aquisitivo constante.

Por meio da Análise Horizontal, é possível visualizar a evolução ou a regressão de cada item da demonstração.

Como a Receita Líquida de Vendas é o principal item da Demonstração do Resultado do Exercício, devidamente padronizada para fins de análise, sua evolução em sucessivos períodos deve ser tomada como parâmetro ao acompanhar o crescimento ou a estabilização dos demais itens da demonstração.

Atividades Teóricas

1. **Responda:**
   1.1 O que é Análise Vertical?
   1.2 O que é Análise Horizontal?
   1.3 Qual é o mecanismo utilizado para cálculo dos números-índices?

2. **Classifique as afirmativas em falsas (F) ou verdadeiras (V):**
   2.1 ( ) A análise vertical é também denominada análise por coeficientes.
   2.2 ( ) Na análise vertical, o cálculo do percentual que cada elemento ocupa no conjunto é feito por meio de regra de três.
   2.3 ( ) No Balanço Patrimonial, a análise vertical abrange apenas os totais dos grupos de contas.
   2.4 ( ) A análise vertical somente poderá ser feita com dados extraídos do Balanço Patrimonial.
   2.5 ( ) Por meio da análise horizontal, o analista consegue acompanhar o desempenho de todas as contas constantes da demonstração analisada, verificando as tendências evidenciadas em cada uma delas.
   2.6 ( ) A análise horizontal permite conhecer apenas e tão somente a evolução das contas.
   2.7 ( ) Para efeito de análise horizontal, a inflação não apresenta influência alguma.
   2.8 ( ) Número-índice é uma operação estatística utilizada pela análise de Demonstrações Contábeis que consiste em substituir os valores constantes das contas de cada exercício por um percentual que facilita a comparação entre eles.

QUOCIENTES-
-PADRÃO

6.1 Conceito

Quocientes-padrão são os quocientes alcançados com maior frequência por empresas que exercem o mesmo ramo de atividade e atuam em uma mesma região.

Conforme vimos, a interpretação isolada e conjunta dos quocientes referentes a um ou a vários períodos poderá revelar com precisão os graus de endividamento, solvência e rentabilidade alcançados por uma empresa.

A empresa que alcançar um Quociente de Liquidez Corrente igual a 1,20 poderá ser considerada bem-estruturada do ponto de vista de solvência, pois o quociente de 1,20 indica que no Ativo Circulante há recursos financeiros suficientes para cobrir todas as Obrigações de curto prazo e, ainda, sobrar uma margem de $ 0,20 para cada $ 1 de dívida.

Mesmo com essa situação satisfatória, a empresa poderá, porém, não estar alcançando grau de solvência ideal para seu ramo de atividade em comparação com seus concorrentes.

Para saber se essa situação é ótima, boa ou regular, precisamos comparar o quociente encontrado com o Quociente-padrão.

6.2 Como calcular o Quociente-padrão

Quando se pretende obter quocientes de uma empresa, basta aplicar as fórmulas próprias, utilizando valores extraídos de suas Demonstrações Contábeis.

Quando se pretende obter Quocientes-padrão confiáveis, que possam servir de parâmetro para análise comparativa da situação econômica e financeira das Entidades, é preciso coletar dados de um maior número possível de empresas que exerçam o mesmo ramo de atividade, do mesmo porte, no mesmo período e que atuem na mesma região, sob o mesmo regime econômico.

Os cálculos necessários para chegar ao Quociente-padrão envolvem uma série de procedimentos, os quais exigem do analista muito cuidado para que possa refletir adequadamente o comportamento médio de determinada categoria de empresas.

Há casos em que a situação econômica e financeira da empresa não é boa, embora ela tenha alcançado o padrão, ou é considerada ótima para o momento, mesmo estando abaixo ou acima do padrão.

Vários fatores influem na análise e na interpretação da situação econômica e financeira de uma entidade, motivo pelo qual o caminho para chegar ao Quociente-padrão deve ser criteriosamente selecionado. Por isso, devem ser aplicados conhecimentos sobre estatística. As medidas mais utilizadas são média aritmética, moda e mediana, além de outras, como quartis, decis etc.

A média aritmética é obtida somando todos os elementos do conjunto e dividindo o resultado pelo número de elementos. Por exemplo, Natália, em quatro provas de Matemática realizadas durante o ano, obteve as seguintes notas: 7, 9, 6 e 10.

A média aritmética será:

$$\text{Média aritmética: } \frac{7 + 9 + 6 + 10}{4} = 8$$

A moda consiste no elemento que maior número de vezes ocorre no conjunto. Por exemplo, em uma prova de Contabilidade Geral, as notas obtidas por 15 alunos foram: 2 – 2 – 4 – 4 – 4 – 6 – 6 – 6 – 6 – 6 – 9 – 9 – 10 – 10 – 10. Nesse caso, a moda é 6, pois foi a nota alcançada pelo maior número de alunos em um universo de 15 alunos.

A mediana é obtida da seguinte maneira: colocam-se os elementos do conjunto em ordem crescente de grandeza; a mediana será o elemento que estiver exatamente no meio, isto é, aquele que contiver o mesmo número de elementos acima e abaixo de si. Por exemplo: as notas de Estrutura e Análise de Demonstrações Contábeis obtidas por 15 alunos em determinado mês foram as seguintes: 4 – 9 – 9 – 5 – 4 – 4 – 10 – 7 – 8 – 9 – 5 – 4 – 7 – 8 – 3.

Colocando essas notas em ordem crescente, teremos: 3 – 4 – 5 – 7 – 8 – 9 – 10. Nesse caso, a mediana é 7.

Embora essas três medidas sejam importantes, para fins de cálculo do Quociente-padrão recomenda-se o uso dos decis.

Se adotarmos, para cálculo do Quociente-padrão, a média aritmética, a moda ou a mediana, trabalharemos com uma só medida; adotando os decis, utilizaremos nove medidas, possibilitando, assim, melhor comparação do desempenho de uma empresa em relação a seus concorrentes.

Apresentaremos, a seguir, um exemplo de cálculo de Quociente-padrão.

Vamos assumir que, em determinada região, existam 40 empresas que atuam no mesmo ramo de atividade. Os procedimentos para cálculo dos Quocientes-padrão dessas 40 empresas, a fim de melhor refletir a situação econômica e financeira do referido grupo, poderão ser os seguintes:

1. Seleciona-se um grupo de quocientes suficiente para o conhecimento da situação econômica e financeira das empresas. No Capítulo 4, sugerimos 12 quocientes.
2. Calculam-se os quocientes de Estrutura de Capitais (4), Liquidez (4) e de Rentabilidade (4) das 40 empresas.
3. Elaboram-se 12 mapas, um para cada quociente. Nesses mapas, os quocientes são colocados em ordem crescente de grandeza.
4. Calculam-se os decis. É evidente que deverão ser calculados decis para cada quociente. Para esclarecer melhor, veja como serão calculados os decis para o Quociente de Liquidez Geral.

Em nosso exemplo, coletamos 40 Quocientes de Liquidez Geral. Para calcular os decis, dividem-se esses 40 quocientes em 10 partes; a primeira parte corresponderá ao primeiro decil, que terá 90% dos quocientes acima de si; a segunda parte corresponderá ao segundo decil, que terá 10% dos quocientes abaixo e 80% acima de si; e assim por diante. O quinto decil corresponderá à mediana, pois conterá a mesma quantidade de decis abaixo (1º a 4º decis) e acima (6º a 9º decis).

Veja, finalmente, os procedimentos:

a) Relação dos Quocientes de Liquidez Geral das 40 empresas: 0,91 – 1,29 – 1,54 – 1,67 – 1,76 – 0,76 – 1,18 – 1,80 – 1,72 – 1,55 – 1,24 – 0,79 – 0,97 – 1,39 – 1,98 – 1,45 – 1,60 – 1,94 – 2,04 – 1,82 – 1,02 – 1,71 – 1,49 – 0,82 – 1,11 – 2,00 – 1,05 – 1,20 – 1,41 – 1,33 – 1,35 – 1,63 – 1,92 – 1,16 – 1,87 – 1,38 – 1,84 – 1,50 – 1,79 – 1,70.

b) Colocam-se os quocientes em ordem crescente de grandeza: 0,76 – 0,79 – 0,82 – 0,91 – 0,97 – 1,02 – 1,05 – 1,11 – 1,16 – 1,18 – 1,20 – 1,24 – 1,29 – 1,33 – 1,35 – 1,38 – 1,39 – 1,41 – 1,45 – 1,49 – 1,50 – 1,54 – 1,55 – 1,60 – 1,63 – 1,67 – 1,70 – 1,71 – 1,72 – 1,76 – 1,79 – 1,80 – 1,82 – 1,84 – 1,87 – 1,92 – 1,94 – 1,98 – 2,00 – 2,04.

c) Calcula-se o Quociente-padrão para cada decil:

- **I. Primeiro decil:** média aritmética entre o quarto quociente do primeiro decil e o primeiro quociente do segundo decil: 0,91 + 0,97/2 = 94
- **II. Segundo decil:** média aritmética entre o quarto quociente do segundo decil e o primeiro quociente do terceiro decil: 1,11 + 1,16/2 = 1,135
- **III. Terceiro decil:** 1,29 + 1,33/2 = 1,31
- **IV. Quarto decil:** 1,38 + 1,39/2 = 1,385
- **V. Quinto decil:** 1,45 + 1,49/2 1,47= o quinto decil corresponde à mediana.
- **VI. Sexto decil:** 1,55 + 1,50/2 = 1,575
- **VII. Sétimo decil:** 1,70 + 1,71/2 = 1,705
- **VIII. Oitavo decil:** 1,79 + 1,80/2 = 1,795
- **IX. Nono decil:** 1,87 + 1,92/2 = 1,895

Veja, agora, os Quocientes-padrão correspondentes aos nove decis:

DECIL QUOCIENTES

1º – 0,94
2º – 1,135
3º – 1,31
4º – 1,385
5º – 1,47
6º – 1,575
7º – 1,705
8º – 1,795
9º – 1,895

Observe que a mediana desse conjunto é representada pelo quinto decil, 1,47.

As empresas do ramo que obtiverem Quociente de Liquidez Geral igual a 1,47 operarão na média do padrão de suas concorrentes.

Observe que, trabalhando com os decis, reduzimos o número de quocientes, que, em nosso caso, era de 40, para apenas 9. Poderíamos ter 500, 1.000 ou até mais empresas: utilizando os decis, reduziríamos o número de quocientes sempre para 9, facilitando as comparações.

Conforme dissemos, trabalhando com os decis, em lugar de outra medida única, as empresas são classificadas em nove classes. Embora haja um Quociente-padrão médio (mediana), cada caso poderá ser interpretado em particular, classificando-o no decil correspondente a seu quociente.

As empresas poderão trabalhar abaixo ou acima do Quociente-padrão médio e apresentar boa situação econômica e financeira, conforme o quociente em análise.

Chegou o momento de você saber por que, no Capítulo 4, adotamos como interpretação dos quocientes as frases: "quanto maior, melhor" e "quanto menor, melhor".

Noções de Análise de Demonstrações Contábeis

Isso decorre da comparação do quociente com as nove classes obtidas por meio dos decis. Os Quocientes de Liquidez, por exemplo, são do tipo "quanto maior, melhor". Isso significa que, quanto mais alto for o decil em que o Quociente de Liquidez da empresa em análise se encontrar, melhor será a situação de liquidez da empresa; quanto mais baixo for o decil, pior será a situação de liquidez da empresa.

É evidente que, ao interpretar determinado quociente, o ideal é que ele esteja próximo do Quociente-padrão médio, pois determinado quociente que se encontra acima do padrão das demais empresas do ramo poderá revelar que algum setor da empresa não vai bem. Se, por exemplo, uma empresa alcançar um Quociente de Margem Líquida de 0,20, significará que ela opera com Lucro Líquido igual a 20% em relação a suas vendas líquidas. Embora essa marca seja altamente positiva, ao compará-la com o Quociente de Margem Líquida Padrão, pode-se verificar que a empresa opera acima da média de seus concorrentes. Em função disso, venderá suas mercadorias a preços mais altos que eles, revelando tendências de perda de mercado em pouquíssimo tempo.

Finalmente, convém ressaltar que, para a Análise de Demonstrações Contábeis ser completa, é necessário que os quocientes sejam comparados com Quocientes-padrão.

Nas escolas, para fins didáticos, nem sempre o professor tem em mãos Quocientes-padrão que podem ser utilizados; além disso, o cálculo desses quocientes nem sempre é possível ou viável. Assim, o professor poderá fixar alguns quocientes para fins de parâmetro, dispensando os cálculos dos Quocientes-padrão.

Atividades Teóricas

1. **Responda:**
   1.1 O que são Quocientes-padrão?
   1.2 Para que servem os Quocientes-padrão?
   1.3 Qual é o recurso estatístico mais recomendado para o cálculo dos quocientes-padrão?
   1.4 Quando o Quociente de Liquidez Corrente de uma empresa estiver abaixo do respectivo quociente-padrão, poderemos afirmar que essa empresa se encontra em péssima situação de liquidez?
   1.5 Determinada revista econômica pesquisou cerca de 70 empresas que comercializam calçados, todas de uma mesma região do país. Os quocientes-padrão encontrados com base nos dados extraídos dessas 70 empresas poderão ser utilizados como parâmetro para todo e qualquer tipo de empresa do país? Por quê?
   1.6 Por que se recomenda o uso de decis para cálculo dos quocientes-padrão?
   1.7 No cálculo dos decis, obtemos nove quocientes-padrão. Qual deles é considerado o Quociente Mediano?

2. **Classifique as afirmativas em falsas (F) ou verdadeiras (V):**
   2.1 O quociente-padrão pode ser obtido por meio da média aritmética.
   2.2 Para que o quociente-padrão reflita adequadamente o comportamento médio de determinada categoria de empresas, é conveniente que seja calculado por meio de decis.

2.3 As medidas estatísticas mais utilizadas para cálculo do quociente-padrão são média aritmética, moda, mediana e decis.

2.4 Trabalhando com os decis para fins de cálculo dos quocientes-padrão, reduzimos o número de quocientes para nove, facilitando a comparação.

2.5 A interpretação "quanto maior, melhor" indica que, quanto mais alta for a classe do decil em que o quociente de liquidez da empresa se encontrar, melhor será a situação de solvência dessa empresa.

2.6 Ao interpretar determinado quociente, o ideal é que ele esteja próximo ao quociente-padrão.

2.7 Ao interpretar determinado quociente, o ideal é que ele esteja bem acima do quociente-padrão médio.

Noções de Análise de Demonstrações Contábeis

RELATÓRIO DE ANÁLISE

7.1 Conceito

Relatório de Análise é um documento elaborado pelo analista de Demonstrações Contábeis[1] que contém as conclusões resultantes do Desenvolvimento do Processo de Análise.

Nos capítulos anteriores, você aprendeu que o Processo de Análise de Demonstrações Contábeis pode ser desenvolvido em sete etapas:

- **1ª etapa:** exame e padronização das Demonstrações Contábeis.
- **2ª etapa:** coleta de dados.
- **3ª etapa:** cálculos dos indicadores.
- **4ª etapa:** interpretação de quocientes.
- **5ª etapa:** análise vertical/horizontal.
- **6ª etapa:** comparação com padrões.
- **7ª etapa:** elaboração de relatórios.

Neste capítulo, você estudará a última etapa do processo de análise de Demonstrações Contábeis.

7.2 Como elaborar um Relatório de Análise

Sendo vários os usuários da análise de Demonstrações Contábeis, cada um deles poderá exigir informações diferentes acerca da situação patrimonial da entidade. Por isso, o analista de Demonstrações Contábeis deverá direcionar seus trabalhos visando atender às necessidades de cada usuário.

Para elaborar um Relatório de Análise da melhor maneira possível, alguns pontos precisam ser considerados:

- O Relatório de Análise deve ser elaborado em linguagem inteligível para leigos, ainda que alguns usuários tenham conhecimentos de Contabilidade.
- Ao elaborar um relatório de análise, o analista deve procurar relatar suas conclusões visando auxiliar o usuário em suas tomadas de decisão.
- Os Relatórios de Análise de Demonstrações Contábeis poderão conter muitas ou poucas informações, conforme as necessidades dos usuários.

Em geral, o Relatório de Análise deve apresentar informações sobre a situação econômica e financeira da entidade objeto da análise e sobre seu desempenho ao longo dos períodos analisados, bem como as tendências para o futuro. Devem ser esclarecidas, ainda, as causas que proporcionaram o grau de endividamento, liquidez e rentabilidade encontrados, sejam eles favoráveis ou desfavoráveis.

- Para fornecedores e bancos comerciais, por exemplo, normalmente se utilizam relatórios breves.

---

[1] Tradicionalmente conhecido por "analista de balanços".

Noções de Análise de Demonstrações Contábeis

- Veja o que os fornecedores querem saber acerca de seus clientes:
  a) se terão ou não condições de pagar as duplicatas em dia (essa constatação poderá ser feita por meio da análise dos Quocientes de Liquidez);
  b) se a situação de liquidez, seja ela favorável ou desfavorável, vai perdurar por muito tempo ou se é passageira; quando a situação de liquidez for desfavorável, se há tendência para reversão do quadro em pouco tempo (essa constatação será possível por meio da análise dos Quocientes de Rentabilidade);
  c) se, em situações inesperadas, terão ou não condições de levantar recursos perante instituições financeiras, isto é, se o cliente se encontra ou não totalmente endividado;
  d) se apresentam tendências para falência (essa constatação poderá ser feita por meio da análise dos Quocientes de Estrutura de Capitais).
- Veja o que os bancos comerciais querem saber acerca de seus clientes:
  a) se apresentam ou não solidez financeira, isto é, se o grau de liquidez apresentado permite a concessão de empréstimos vencíveis em 30, 60, 90 ou mais dias (essa constatação será possível por meio do Quociente de Liquidez Seca);
  b) se estão ou não totalmente endividados, ou seja, se possuem alguma garantia para oferecer ao banco no momento de renegociação de dívidas;
  c) se apresentam tendências para falência, o que ocorre quando a empresa convive com alto grau de endividamento por um longo tempo. Embora os bancos comerciais tenham por praxe conceder a maior parte dos empréstimos em curto prazo, além de conhecer a situação atual, querem também saber acerca da situação futura, pois o cliente, ao efetuar um empréstimo de curto prazo, normalmente renegocia sua dívida, permanecendo sob a dependência do banco por um longo período.

     O analista de Demonstrações Contábeis precisa ter em mente que uma empresa se dirige a um estabelecimento bancário para solicitar empréstimos porque está atravessando problemas de liquidez. Por isso, interessa aos bancos conhecer o grau de rentabilidade do cliente, que evidenciará se a empresa poderá ou não, em pouco tempo, reverter o quadro, utilizando apenas os Lucros. Quando essa situação é confirmada, os bancos não hesitarão em liberar créditos.
- Para que o relatório de análise de Demonstrações Contábeis seja inteligível por leigos, não deve apresentar dados como quocientes, coeficientes ou números-índices, os quais devem ser traduzidos em informações.

Suponhamos os seguintes indicadores:

INDICADORES	QUOCIENTES	QUOCIENTES × 100	QUOCIENTES PADRÃO
Liquidez Geral	1,42	142%	1,20
Liquidez Corrente	1,70	170%	1,35

Veja como esses dados não devem ser relatados:

Situação de Liquidez: o Quociente de Liquidez Geral foi de 1,42 ou 142%, indicando que a empresa possui recursos, em seu Ativo Circulante mais Realizável a Longo Prazo, no valor de $ 142 para cada $ 100 de Passivo Circulante mais Exigível a Longo Prazo, estando acima do Quociente-padrão de seus concorrentes, que é de 1,20; o Quociente de Liquidez Corrente é de 1,70 ou de 170%, indicando que a empresa possui, no Ativo Circulante, recursos no valor de $ 170 para cada $ 100 de dívidas de curto prazo, evidenciando a existência de Capital Circulante Líquido e operando acima do Quociente-padrão alcançado por seus concorrentes, que é de 1,35; o Quociente de Liquidez Seca é de 1,54 ou 154%, mostrando que a empresa possui Disponibilidades mais direitos de conversibilidade garantida de $ 154 para cada $ 100 de dívidas em curto prazo, estando também operando acima do padrão de seus concorrentes, que é de 1,25.

Veja, agora, a maneira mais adequada de relatar esses dados:

Situação de Liquidez: a empresa encontra-se bem estruturada do ponto de vista de solvência, apresentando solidez financeira suficiente para cobrir seus compromissos de curto e de longo prazos, uma vez que opera com todos os Quocientes de Liquidez acima do padrão de seus concorrentes.

- O analista deve anexar ao relatório de análise os documentos que comprovam os resultados da análise.

Esses documentos poderão variar em quantidade e espécie, de acordo com a profundidade dos exames efetuados. Em geral, a um relatório breve devem ser anexados o Balanço Patrimonial, a Demonstração do Resultado do Exercício e um mapa contendo os indicadores utilizados (Quocientes de Estrutura de Capitais, Liquidez e Rentabilidade), além dos Quocientes-padrão.

Visando a atender às necessidades do estágio dos estudos propostos nesta obra, daremos ênfase ao relatório breve. Lembramos, no entanto, que a extensão das informações a serem apresentadas nos relatórios de análise poderá variar de acordo com as necessidades dos usuários.

7.3 Relatório breve

Esse tipo de relatório envolve apenas os aspectos mais importantes da situação patrimonial e baseia-se na interpretação de poucos quocientes econômicos e financeiros, sendo preferido por bancos, clientes e fornecedores, além de outros usuários que se satisfazem com poucas informações.

Apresentaremos, a seguir, um modelo de relatório breve, elaborado mediante as interpretações isolada e conjunta dos quocientes econômicos e financeiros calculados com base no Balanço Patrimonial e na Demonstração do Resultado do Exercício da Comercial Seul

S/A, desenvolvidas no Capítulo 4 deste livro. Esse modelo considera, ainda, os quocientes--padrão hipotéticos, conforme consta do mapa anexo ao relatório apresentado a seguir.

RELATÓRIO DE ANÁLISE DE DEMONSTRAÇÕES CONTÁBEIS

(Destinatário)

Após a análise e interpretação dos quocientes econômicos e financeiros calculados com base no Balanço Patrimonial e na Demonstração do Resultado do Exercício da Comercial Seul S/A, levantados em 31 de dezembro de X1, apresentamos as seguintes informações:

1. Situação financeira

Endividamento: a empresa apresenta grau de endividamento satisfatório, uma vez que os Quocientes de Estrutura de Capitais se encontram abaixo do Quociente Mediano de seus concorrentes. Isso pode ser comprovado pela preponderância dos capitais próprios sobre os capitais de terceiros, pela boa margem existente entre as obrigações de longo prazo e as obrigações de curto prazo e pela não imobilização total dos capitais próprios, revelando a existência de liberdade financeira para tomadas de decisão sem a necessidade de se sujeitar a regras impostas por credores.

Liquidez: com relação à solvência, a empresa encontra-se muito bem estruturada, apresentando solidez financeira que garante o cumprimento de seus compromissos de curto e de longo prazo. Operando com quocientes acima da mediana do ramo, apresenta garantia que pode ser oferecida a terceiros quando fatos inesperados colocarem a empresa em situação de insolvência momentânea.

2. Situação econômica

Rentabilidade: a empresa apresenta situação econômica satisfatória em decorrência da boa rentabilidade, que permite girar em 5,26 anos o capital total investido.

3. Situação econômica e financeira

A Comercial Seul S/A encontra-se muito bem estruturada sob os pontos de vista econômico e financeiro, em razão do baixo grau de endividamento, do alto grau de liquidez e do grau de rentabilidade que permite o retorno do capital próprio investido em apenas 2,63 anos, constituindo negócio altamente positivo para aqueles que confiaram na empresa.

(Local, data, assinatura e identificação do analista)

I – Balanço Patrimonial padronizado

ENTIDADE: Comercial Seul S/A BALANÇO PATRIMONIAL PADRONIZADO EXERCÍCIO FINDO EM: 31.12.X1	
CONTAS	**$**
ATIVO	
ATIVO CIRCULANTE	
Financeiro	
• Disponibilidades	60.000
• Investimentos Temporários a Curto Prazo	36.000
Total do Ativo Circulante Financeiro	96.000
Operacional	
• Contas a Receber de Clientes	204.000
• Estoques	300.000
• Outros Direitos de Curto Prazo	–
Total do Ativo Circulante Operacional	504.000
TOTAL DO ATIVO CIRCULANTE	600.000
ATIVO NÃO CIRCULANTE	
Ativo Realizável a Longo Prazo	100.000
Investimentos	90.000
Imobilizado	195.000
Intangível	15.000
TOTAL DO ATIVO NÃO CIRCULANTE	400.000
TOTAL DO ATIVO	1.000.000
PASSIVO	
PASSIVO CIRCULANTE	
Operacional	
• Contas a Pagar a Fornecedores	60.000
• Outras Obrigações de Curto Prazo	130.000
Total do Passivo Circulante Operacional	190.000
Financeiro	
• Empréstimos	104.000
• Duplicatas Descontadas	–
Total do Passivo Circulante Financeiro	104.000
TOTAL DO PASSIVO CIRCULANTE	294.000
PASSIVO NÃO CIRCULANTE	
Passivo Exigível a Longo Prazo	200.000
EXIGÍVEL TOTAL	494.000
PATRIMÔNIO LÍQUIDO	
Capital	300.000
Reservas	206.000
TOTAL DO PATRIMÔNIO LÍQUIDO	506.00
TOTAL DO PASSIVO	1.000.000

II – Demonstração do Resultado do Exercício padronizada

ENTIDADE: Comercial Seul S/A DEMONSTRAÇÃO DO RESULTADO DO EXERCÍCIO PADRONIZADA EXERCÍCIO FINDO EM: 31.12.X1	
DESCRIÇÃO	**$**
RECEITA LÍQUIDA DE VENDAS	1.071.225
(–) CUSTO DAS MERCADORIAS, PRODUTOS E SERVIÇOS VENDIDOS	(450.000)
(=) LUCRO BRUTO	621.225
(–) DESPESAS OPERACIONAIS	
• Despesas com Vendas	(144.450)
• Despesas Gerais e Administrativas	(257.310)
• Outras Despesas Operacionais	(9.000)
(+) OUTRAS RECEITAS OPERACIONAIS	18.085
(=) RESULTADO OPERACIONAL (antes do Resultado Financeiro)	228.550
(+) RECEITAS FINANCEIRAS	36.000
(–) DESPESAS FINANCEIRAS	(8.550)
(=) RESULTADO OPERACIONAL	256.000
(±) OUTROS RESULTADOS	(26.000)
(=) RESULTADO DO EXERCÍCIO ANTES DA TRIBUTAÇÃO	230.000
(–) TRIBUTOS	(36.000)
(–) PARTICIPAÇÕES	–
(=) LUCRO OU PREJUÍZO LÍQUIDO DO EXERCÍCIO	194.000

III – Índices econômico-financeiros

INDICADORES	EXERCÍCIO X1	
	QA	QPH
SITUAÇÃO FINANCEIRA		
Estrutura de Capitais		
• Participação de Capitais de Terceiros	0,97	0,98
• Composição do Endividamento	0,59	0,65
• Imobilização do Patrimônio Líquido	0,59	0,63
• Imobilização dos Recursos Não Correntes	0,42	0,45
Liquidez		
• Liquidez Geral	1,41	1,20
• Liquidez Corrente	2,04	1,89
• Liquidez Seca	1,02	1,01
• Liquidez Imediata	0,20	0,18
Situação Econômica		
Rentabilidade		
• Giro do Ativo	1,07	1,01
• Margem Líquida	0,18	0,15
• Rentabilidade do Ativo	0,19	0,17
• Rentabilidade do Patrimônio Líquido	0,38	0,22

QA = Quocientes Absolutos
QPH = Quocientes-Padrão Hipotéticos

1. Responda:

1.1 De acordo com o que foi estudado até aqui, relacione, na ordem apresentada, as sete etapas do processo de análise.

1.2 O que é Relatório de Análise de Demonstrações Contábeis?

1.3 Quais são as informações indispensáveis em um Relatório de Análise de Demonstrações Contábeis?

1.4 O que um banco precisa saber de seu cliente para lhe fornecer empréstimos a curto prazo?

1.5 Que documentos o analista de Demonstrações Contábeis deve anexar a seu Relatório de Análise?

1.6 Que documentos devem ser anexados a um relatório breve de análise de Demonstrações Contábeis?

1.7 Quais são as principais informações que deverão constar em um relatório breve de análise de Demonstrações Contábeis?

2. Classifique as afirmativas em falsas (F) ou verdadeiras (V):

2.1 ( ) Existe um modelo padronizado de relatório de análise que pode ser utilizado pelos analistas, após o desenvolvimento do Processo de Análise, em qualquer tipo de entidade.

2.2 ( ) Os relatórios de análise de Demonstrações Contábeis poderão conter um número maior ou menor de informações, de acordo com a profundidade da análise efetuada.

2.3 ( ) Bancos e fornecedores satisfazem-se com relatório breve.

2.4 ( ) O melhor relatório de análise é aquele que contém linguagem altamente técnica e é rico em detalhes, sendo informadas as tabelas com os quocientes e coeficientes encontrados.

2.5 ( ) Um bom relatório de análise é aquele elaborado em linguagem inteligível por leigos, ou seja, aquele no qual o analista consegue transformar dados técnicos em informações de fácil entendimento.

2.6 ( ) O relatório de análise é um instrumento que auxilia os usuários nas tomadas de decisão.

3. Escolha a alternativa correta:

3.1 Para o fornecedor, interessa saber:

a) Se os clientes terão condições de vender mais que seus concorrentes.

b) Se os clientes terão ou não condições de pagar as duplicatas em dia.

c) Se os clientes terão ou não condições de comprar mercadorias todas as semanas.

d) Se os clientes imobilizaram ao máximo a metade dos capitais próprios.

e) Todas as alternativas anteriores estão incorretas.

3.2 Para reconhecer as tendências que apontam se a empresa levará pouco ou muito tempo para equilibrar sua situação financeira, os bancos dão preferência à análise dos quocientes:

a) de liquidez.

b) de estrutura de capitais.

c) de rentabilidade.

d) Todas as alternativas anteriores estão incorretas.

e) As alternativas "b" e "c" estão corretas.

Vamos assumir que você seja gerente de um banco e deva escolher, dentre dois clientes, o que oferece melhores garantias para receber um empréstimo de $ 6.000 para 60 dias:

Cliente A
Dados extraídos do Balanço Patrimonial:
Ativo Circulante

Disponibilidades	100
Clientes	14.000
Estoques	10.900
Total do Ativo Circulante	25.000
Ativo Imobilizado	15.000
Total do Ativo	40.000
Passivo Circulante	7.000
Passivo Exigível a Longo Prazo	13.000
Patrimônio Líquido	20.000
Total do Passivo	40.000

Cliente B
Dados extraídos do Balanço Patrimonial:
Ativo Circulante

Disponibilidades	1.000
Clientes	2.000
Estoques	8.000
Total do Ativo Circulante	11.000
Ativo Realizável a Longo Prazo	16.000
Ativo Imobilizado	13.000
Total do Ativo	40.000
Passivo Circulante	15.000
Patrimônio Líquido	25.000
Total do Passivo	40.000

7.4 Exemplo envolvendo todo o processo de análise

Apresentaremos, agora, um exemplo prático no qual você poderá vivenciar, passo a passo, todas as etapas do Processo de Análise estudadas nos capítulos anteriores.

Como o Processo de Análise inicia-se a partir das Demonstrações Contábeis, veja a seguir as demonstrações que serão objeto de análise:

7.4.1 Demonstrações Contábeis para serem analisadas

ENTIDADE: Comercial Mônaco S/A
BALANÇO PATRIMONIAL
EXERCÍCIO FINDO EM: 31.12.X2

CONTAS	EXERCÍCIO X1	EXERCÍCIO X2
ATIVO	110.000	146.000
ATIVO CIRCULANTE	55.000	74.360
Disponibilidades		
• Caixa e Bancos	5.500	5.860
• Aplicações de Liquidez Imediata	5.000	16.000
Direitos Realizáveis a Curto Prazo		
• Contas a Receber de Clientes	15.000	22.500
• (–) Perdas Estimadas em Créd. Líq. Duv.	(500)	(1.500)
• Estoques	30.000	25.000
• Investimentos Temporários a Curto Prazo	–	7.000
ATIVO NÃO CIRCULANTE		
Ativo Realizável a Longo Prazo	15.000	10.000
• Contas a Receber de Clientes	15.000	10.000
• Outros Direitos de Longo Prazo	–	–
• Investimentos	–	6.000
• Ativo Imobilizado	31.600	51.600
• (–) Depreciações Acumuladas	(2.400)	(5.560)
• Ativo Intangível	12.000	12.000
(–) Amortizações Acumuladas	(1.200)	(2.400)
PASSIVO	110.000	146.000
PASSIVO CIRCULANTE	85.000	55.000
• Obrigações a Fornecedores	26.000	20.000
• Obrigações Financeiras	40.000	13.000
• Empréstimos	30.000	5.000
• Duplicatas Descontadas	10.000	8.000
• Outras Obrigações	19.000	22.000
PASSIVO NÃO CIRCULANTE	–	35.000
Passivo Exigível a Longo Prazo	–	35.000
• Obrigações a Fornecedores	–	–
• Obrigações Financeiras	–	35.000
PATRIMÔNIO LÍQUIDO	25.000	56.000
• Capital	10.000	10.000
• (–) Capital a Realizar	(3.000)	–
• Reservas	18.000	46.000

Noções de Análise de Demonstrações Contábeis

- Normalmente, nas Demonstrações Contábeis publicadas nos jornais ou disponibilizadas na internet, os valores correspondentes ao exercício atual constam à esquerda dos valores correspondentes ao exercício anterior. Para atender a objetivos didáticos, indicamos, nas demonstrações, os valores do exercício atual sempre à direita dos anteriores.

ENTIDADE: Comercial Mônaco S/A
DEMONSTRAÇÃO DO RESULTADO DO EXERCÍCIO
EXERCÍCIO FINDO EM: 31.12.X2

CONTAS	EXERCÍCIO X1	EXERCÍCIO X2
1. RECEITA OPERACIONAL BRUTA		
• Vendas de Mercadorias/Serviços	300.000	430.000
2. DEDUÇÕES E ABATIMENTOS		
• Vendas Anuladas	(4.000)	(12.000)
• Descontos Incondicionais	–	–
• Tributos Incidentes sobre as Vendas	(56.000)	(106.000)
3. RECEITA OPERACIONAL LÍQUIDA	240.000	312.000
4. CUSTOS OPERACIONAIS		
• Custo das Mercadorias/Serviços Prestados	(94.000)	(106.000)
5. LUCRO BRUTO	146.000	206.000
6. DESPESAS OPERACIONAIS		
• Despesas com Vendas	(16.000)	(39.000)
• Despesas Financeiras	(22.400)	(12.400)
• (–) Receitas Financeiras	1.000	11.000
• Despesas Gerais e Administrativas	(65.000)	(55.000)
• Outras Despesas Operacionais	(6.000)	(9.000)
7. OUTRAS RECEITAS OPERACIONAIS	–	–
8. LUCRO (PREJUÍZO) OPERACIONAL	37.600	101.600
9. OUTRAS RECEITAS	–	–
10. OUTRAS DESPESAS	–	–
11. RESULTADO DO EXERCÍCIO ANTES DA TRIBUTAÇÃO	37.600	101.600
12. TRIBUTOS INCIDENTES SOBRE O LUCRO LÍQUIDO	(16.000)	(40.000)
13. RESULTADO DO EXERCÍCIO APÓS A TRIBUTAÇÃO	21.600	61.600
14. PARTICIPAÇÕES		
• Empregados	–	(5.000)
• Administradores	–	(3.200)
15. LUCRO OU PREJUÍZO LÍQUIDO DO EXERCÍCIO	21.600	53.400
16. LUCRO/PREJUÍZO LÍQUIDO POR AÇÃO DO CAPITAL	2,16	5,34

7.4.2 Primeira Etapa: Exame e Padronização

Nesta primeira etapa, de posse das Demonstrações Contábeis da Comercial Mônaco S/A, devemos definir o objetivo da análise: em nosso caso, será o conhecimento da situação econômica e financeira da entidade.

Iniciaremos o Processo de Análise observando cada uma das demonstrações, para tomar conhecimento da composição de cada conta e de seus respectivos grupos e, em seguida, elaborar as demonstrações padronizadas.

Exame das Demonstrações

Nesta fase dos trabalhos, o analista familiariza-se com o conteúdo das demonstrações objeto da análise.

Deixaremos de efetuar, aqui, o exame minucioso de cada conta, uma vez que nos capítulos 3 e 4 do livro *Demonstrações Contábeis*, terceiro volume desta série, você encontra os pontos importantes que devem ser observados quanto à composição de cada grupo de contas e de cada conta que compõe o Balanço Patrimonial e a Demonstração do Resultado do Exercício.

Padronização das Demonstrações

Embora as Demonstrações Contábeis sejam elaboradas de acordo com as disciplinas contidas nas normas contábeis que visam facilitar a interpretação e o conhecimento da situação financeira da entidade, alguns ajustes nos dados contidos nessas demonstrações precisam ser efetuados para fins de análise.

Com base nas demonstrações padronizadas apresentadas como sugestão no Capítulo 3 desta obra, transcreveremos, nas seguintes demonstrações padronizadas, os dados constantes do Balanço Patrimonial e da Demonstração do Resultado do Exercício da Comercial Mônaco S/A:

ENTIDADE: Comercial Mônaco S/A BALANÇO PATRIMONIAL PADRONIZADO EXERCÍCIO FINDO EM: 31.12.X2		
CONTAS	**EXERCÍCIO X1**	**EXERCÍCIO X2**
ATIVO		
ATIVO CIRCULANTE		
Financeiro		
• Disponibilidades	10.500	21.860
• Investimentos Temporários a Curto Prazo	–	7.000
Total do Ativo Circulante Financeiro	10.500	28.860
Operacional		
• Contas a Receber de Clientes	14.500	20.500
• Estoques	30.000	25.000
• Outros Direitos de Curto Prazo	–	–
Total do Ativo Circulante Operacional	44.500	45.500
TOTAL DO ATIVO CIRCULANTE	55.000	74.360

CONTAS	EXERCÍCIO X1	EXERCÍCIO X2
ATIVO NÃO CIRCULANTE		
• Ativo Realizável a Longo Prazo	15.000	10.000
Total do Ativo Realizável a Longo Prazo	15.000	10.000
• Investimentos	–	6.000
• Imobilizado	29.200	46.040
• Intangível	10.800	9.600
Total do Ativo Fixo	40.000	61.640
TOTAL DO ATIVO NÃO CIRCULANTE	55.000	71.640
TOTAL DO ATIVO	110.000	146.000
PASSIVO		
PASSIVO CIRCULANTE		
Operacional		
• Contas a Pagar a Fornecedores	26.000	20.000
• Outras Obrigações de Curto Prazo	19.000	22.000
Total do Passivo Circulante Operacional	45.000	42.000
Financeiro		
• Empréstimos	30.000	5.000
• Duplicatas Descontadas	10.000	8.000
Total do Passivo Circulante Financeiro	40.000	13.000
TOTAL DO PASSIVO CIRCULANTE	85.000	55.000
PASSIVO NÃO CIRCULANTE		
Passivo Exigível a Longo Prazo	–	35.000
EXIGÍVEL TOTAL	85.000	90.000
PATRIMÔNIO LÍQUIDO		
• Capital	7.000	10.000
• Reservas	18.000	46.000
TOTAL DO PATRIMÔNIO LÍQUIDO	25.000	56.000
TOTAL DO PASSIVO	110.000	146.000

Acompanhe, agora, os principais ajustes efetuados para fins de análise:

Ativo

a) No grupo das Disponibilidades, incluímos os saldos das contas Caixa, Bancos conta Movimento e Aplicações de Liquidez Imediata.

b) A conta Contas a Receber de Clientes foi transcrita e já subtraída do valor da conta redutora Perdas Estimadas em Créditos de Liquidação Duvidosa.

c) Os grupos de contas Ativo Imobilizado e Intangível foram transcritos e já deduzidos dos respectivos valores das Depreciações e Amortizações Acumuladas.

Patrimônio Líquido

No Patrimônio Líquido, a conta Capital foi transcrita já deduzida do valor do Capital a Realizar.

ENTIDADE: Comercial Mônaco S/A DEMONSTRAÇÃO DO RESULTADO DO EXERCÍCIO PADRONIZADA EXERCÍCIO FINDO EM: 31.12.X2		
CONTAS	**EXERCÍCIO X1**	**EXERCÍCIO X2**
RECEITA LÍQUIDA DE VENDAS	240.000	312.000
(–) CUSTO DAS MERC., PROD. E SERVIÇOS VENDIDOS	(94.000)	(106.000)
(=) LUCRO BRUTO	146.000	206.000
(–) DESPESAS OPERACIONAIS		
• Despesas com Vendas	(16.000)	(39.000)
• Despesas Gerais e Administrativas	(65.000)	(55.000)
• Outras Despesas Operacionais	(6.000)	(9.000)
(+) OUTRAS RECEITAS OPERACIONAIS	–	–
(=) RESULTADO OPERACIONAL (antes do Resultado Financeiro)	59.000	103.000
(+) RECEITAS FINANCEIRAS	1.000	11.000
(–) DESPESAS FINANCEIRAS	(22.400)	(12.400)
(=) RESULTADO OPERACIONAL	37.600	101.600
(±) OUTROS RESULTADOS	–	–
(=) RESULTADO DO EXERCÍCIO ANTES DA TRIBUTAÇÃO	37.600	101.600
(–) TRIBUTOS	(16.000)	(40.000)
(=) RESULTADO DO EXERCÍCIO APÓS A TRIBUTAÇÃO	21.600	61.600
(–) PARTICIPAÇÕES	–	(8.200)
(=) LUCRO OU PREJUÍZO LÍQUIDO DO EXERCÍCIO	21.600	53.400

Veja, agora, o principal ajuste efetuado para fins de análise:

- Para fins de cálculo dos Quocientes de Rentabilidade, utilizamos, da Demonstração do Resultado do Exercício, apenas o valor da Receita Líquida de Vendas e o valor do Lucro Líquido. Assim, deixaremos de comentar as alterações efetuadas nesta demonstração (pela simples leitura de cada item será fácil entendê-las).

7.4.3 Segunda Etapa: Coleta de Dados

Esta etapa consiste na extração de dados das Demonstrações Contábeis.

Esses dados serão utilizados na composição das 12 fórmulas para cálculos dos quocientes selecionados para a análise da situação econômica e financeira da Comercial Mônaco S/A.

Do Balanço Patrimonial, extrairemos os seguintes dados:

CONTAS	EXERCÍCIO X1	EXERCÍCIO X2
• Disponibilidades	10.500	21.860
• Investimentos Temporários a Curto Prazo	–	7.000
• Contas a Receber de Clientes	14.500	20.500
• Estoques	30.000	25.000
Ativo Circulante	55.000	74.360
Ativo Realizável a Longo Prazo	15.000	10.000
Ativo Fixo	40.000	61.640
Total do Ativo	110.000	146.00
• Passivo Circulante	85.000	55.000
Passivo Exigível a Longo Prazo	–	35.000
• Exigível Total	85.000	90.000
• Patrimônio Líquido	25.000	56.000
• Recursos Não Correntes	25.000	91.000

Da Demonstração do Resultado do Exercício, extrairemos os seguintes dados:

CONTAS	EXERCÍCIO X1	EXERCÍCIO X2
• Receita Líquida de Vendas	240.000	312.000
• Lucro Líquido	21.600	53.400

Após coletar os dados das Demonstrações Contábeis, o próximo passo será efetuar os cálculos dos indicadores.

7.4.4 Terceira Etapa: Cálculos dos Indicadores

Veja, resumidamente, um quadro contendo os quocientes devidamente calculados:

INDICADORES	EXERCÍCIO X1	EXERCÍCIO X2
QUOCIENTES FINANCEIROS		
Estrutura de Capitais		
• Participação de Capitais de Terceiros	3,40	1,60
• Composição do Endividamento	1,00	0,61
• Imobilização do Patrimônio Líquido	1,60	1,10
• Imobilização de Recursos Não Correntes	1,60	0,67

INDICADORES	EXERCÍCIO X1	EXERCÍCIO X2
Liquidez		
• Liquidez Geral	0,82	0,93
• Liquidez Corrente	0,64	1,35
• Liquidez Seca	0,29	0,89
• Liquidez Imediata	0,12	0,39
QUOCIENTES ECONÔMICOS		
Rentabilidade		
• Giro do Ativo	2,18	2,13
• Margem Líquida	0,09	0,17
• Rentabilidade do Ativo	0,19	0,36
• Rentabilidade do Patrimônio Líquido	0,86	0,95

7.4.5 Quarta Etapa: Interpretação dos Quocientes

Quocientes Financeiros

Estrutura de Capitais

Participação dos Capitais de Terceiros

No exercício de X1, a empresa tomou $ 3,40 para cada $ 1,00 de capital próprio; em X2, essa proporção correspondeu a $ 1,60 de capitais de terceiros para cada $ 1,00 de capitais próprios.

Pela análise isolada desse quociente, podemos concluir que tanto em X1 quanto em X2 a empresa se encontrava endividada, pois trabalhava com capitais de terceiros em proporção maior do que com capitais próprios.

O quociente revela, nos dois exercícios, uma situação desfavorável, pois não há folga que dê à empresa liberdade financeira para tomadas de decisão. Logo, o quociente mostra que a empresa se encontra, nos dois exercícios, em mãos de terceiros.

Pode-se verificar que, do exercício de X1 para o exercício de X2, há uma queda considerável, provocando redução no grau de endividamento.

Esse fato ocorre, certamente, em função de um esforço realizado pela empresa, a fim de melhorar sua situação.

Embora o grau de endividamento seja alto, se a empresa conseguir recursos para pagar suas dívidas em dia, poderá muito bem conviver com a situação em que se encontra. Essa conclusão poderá ser confirmada por meio da análise dos Quocientes de Rentabilidade.

Composição do Endividamento

Como o quociente anterior revelou alto grau de dependência de capitais de terceiros, por meio da análise do quociente em estudo, verificaremos se o endividamento representa dificuldades imediatas ou se a empresa ainda tem alguma folga que lhe permita captar recursos para cobrir os compromissos assumidos.

No exercício de X1, a maior parte dos capitais de terceiros foi tomada para pagamento em curto prazo. Assim, podemos dizer que, naquele exercício, a situação da empresa não era boa. No exercício de X2, entretanto, a situação melhorou, pois a proporção dos capitais de terceiros de curto prazo em relação aos de longo prazo passou de 1,00 para 0,61.

Como esse quociente é do tipo "quanto menor, melhor", a queda que ocorreu de X1 para X2 indica melhora no grau de endividamento.

Podemos concluir, então, que a empresa, de um exercício para outro, executou uma boa política de administração de suas dívidas. A continuar esse procedimento, certamente, em pouco tempo a empresa conseguirá reverter o quadro desfavorável para favorável.

Imobilização do Patrimônio Líquido

Em X1, a empresa investiu 160% do Patrimônio Líquido no Ativo Fixo; no exercício de X2, as imobilizações do capital próprio alcançaram 110%.

Isso equivale a dizer que, nos dois exercícios, o Patrimônio Líquido não foi suficiente para cobrir os Investimentos efetuados no Ativo Fixo, e evidencia que capitais de terceiros foram utilizados para cobrir o excesso.

Tanto no exercício de X1 quanto no de X2 não há capital circulante próprio, indicando que os Investimentos no Ativo Fixo consumiram todo o Patrimônio Líquido e parte dos capitais de terceiros. Quando isso ocorre, é importante analisar o Quociente de Imobilização dos Recursos Não Correntes para verificar se essa situação é realmente grave ou não.

Sendo o Ativo Fixo superior ao Patrimônio Líquido, podemos concluir que a empresa em análise não passa por bons momentos financeiros. Para reverter esse quadro, a empresa precisa procurar aumentar sua rentabilidade, pois, assim, gradativamente, deixará a dependência de terceiros.

Imobilização dos Recursos Não Correntes

Sabemos que não é comum uma empresa comercial imobilizar importâncias superiores ao Patrimônio Líquido, salvo nos casos de expansão.

Os quocientes anteriores revelaram um alto grau de dependência de capitais de terceiros nos dois exercícios analisados. No exercício de X1, o Ativo Fixo correspondeu a 160% do Patrimônio Líquido; em X2, correspondeu a 110%. Conforme já dissemos na interpretação do quociente anterior, houve uma melhora no exercício de X2 em relação ao exercício de X1.

Analisando esse quociente, verificamos que, no exercício de X1, a empresa imobilizou 160% do total dos Recursos Não Correntes; em X2, esse percentual caiu para 67%. Essa queda de mais de 100%, observada no exercício de X2 em relação ao exercício de X1, ocorreu em função de a empresa ter tomado empréstimos de longo prazo para pagar os compromissos de curto prazo, provando boa administração de suas dívidas.

Se, por meio da análise dos Quocientes de Rentabilidade, ficar confirmado que a empresa mostrou melhora na rentabilidade de um exercício para outro, interpretando em conjunto esses quocientes, poderemos dizer que a empresa realmente tomou o caminho certo para reduzir seu grau de endividamento.

Quocientes de Liquidez

Liquidez Geral

Esse quociente revela que, em X1, a empresa tinha sua liquidez totalmente comprometida, pois todo o Ativo Circulante mais o Realizável a Longo Prazo eram insuficientes para garantir o pagamento de suas obrigações de curto e de longo prazos.

O quociente de 0,82 em X1 indica que, naquele exercício, a empresa tinha, em seu Ativo Circulante mais Realizável a Longo Prazo, apenas $ 0,82 para cada $ 1,00 de dívidas em curto e em longo prazo.

Independentemente de comparação com padrões, a empresa encontrava-se, em X1, em mãos de terceiros. No exercício de X2, o quociente ainda indica dependência de capitais de terceiros, mas houve uma melhora considerável: agora, para cada $ 1,00 de dívidas totais, a empresa tem, em seu Ativo Circulante mais Realizável a Longo Prazo, $ 0,93. Essa melhora certamente ocorreu em função do aumento da rentabilidade, que será verificada na interpretação dos Quocientes de Rentabilidade.

O quociente revela, ainda, que, nos exercícios de X1 e X2, a empresa não conseguiu pagar seus compromissos com recursos próprios. Isso também foi observado na análise dos Quocientes de Estrutura de Capitais, que evidenciaram alto grau de endividamento.

Embora, no exercício de X2, a situação não seja ideal, o quociente revela tendência a melhora, o que já foi observado pela análise dos quocientes anteriores.

Liquidez Corrente

Esse quociente indica que em X1 a empresa tinha, no Ativo Circulante, $ 0,64 para cada $ 1,00 de dívidas em curto prazo, apresentando uma situação desfavorável. Independentemente de análise minuciosa quanto aos prazos de vencimento das Obrigações, a empresa precisaria gerar recursos de curto prazo para saldá-las.

Esse quadro observado no exercício de X1 mudou completamente no exercício de X2, no qual a empresa passou a ter, no Ativo Circulante, $ 1,35 para cada $ 1,00 de dívidas de curto prazo. Em X2, além de pagar os compromissos de curto prazo, a empresa possuía, ainda, $ 0,35 de sobra para cada $ 1,00 de dívida. Essa diferença indica a existência do capital circulante líquido – uma folga financeira que permite à empresa manipulá-la, investindo em novas compras ou até mesmo financiando vendas a prazo, gerando novos recursos para a empresa.

Liquidez Seca

No exercício de X1, o quociente indicava a existência de dificuldades financeiras para o cumprimento dos compromissos de curto prazo; no exercício de X2, embora o índice indicasse ainda dificuldades, revelava, porém, situação melhor.

Noções de Análise de Demonstrações Contábeis

Conjugando os resultados dos Quocientes de Liquidez Corrente com os de Liquidez Seca, observamos que, no exercício de X1, a situação de solvência da empresa era totalmente desfavorável; no exercício de X2, porém, houve uma considerável melhora, embora ainda não seja a situação ideal.

Liquidez Imediata

Conforme já dissemos, esse quociente pouco ou quase nada acrescenta às conclusões do analista acerca da situação financeira da entidade. Portanto, deixaremos de considerá-lo nesta análise.

A partir da análise dos Quocientes de Estrutura de Capitais e de Liquidez, concluímos que, no exercício de X1, a empresa não se encontrava bem estruturada do ponto de vista financeiro. No exercício de X2, porém, embora não se possa dizer que ela tenha alcançado situação ideal, a interpretação dos quocientes financeiros revela tendências de melhora.

Quocientes Econômicos

Rentabilidade

Giro do Ativo

Esse quociente revela que, no exercício de X1, a empresa vendeu $ 2,18 para cada $ 1,00 investido no Ativo, ou seja, conseguiu girar os investimentos totais 2,18 vezes no ano.

No exercício de X2, o quociente de 2,13 indica uma pequena queda nas vendas em relação aos investimentos totais.

Nota-se, assim, que o desempenho comercial da empresa praticamente se manteve de um exercício para outro. Para saber se essas marcas são boas ou não para o ramo de atividade da empresa, será necessário compará-las com padrões, conforme faremos na sexta etapa desse processo.

Margem Líquida

O quociente de 0,09 alcançado no exercício de X1 indica que a empresa conseguia obter lucro líquido correspondente a 9% do valor da receita líquida de vendas; no exercício de X2, o quociente de 0,17 indica que a empresa conseguiu praticamente duplicar sua lucratividade.

Esse quociente vem confirmar as observações anteriores acerca dos quocientes financeiros, que evidenciavam tendências de melhora na situação financeira de um exercício para outro.

O aumento da lucratividade pode ter várias origens, como aumento no volume de vendas, redução de custos das mercadorias vendidas (quando a empresa consegue melhores preços junto aos fornecedores) ou por meio de contenção de gastos com despesas administrativas, com vendas etc.

Por meio da análise dos Quocientes de Estrutura de Capitais, que mostraram a transposição de dívidas do Passivo Circulante para o Passivo Exigível a Longo Prazo, a empresa, no exercício de X2, reduziu seus gastos financeiros, o que pode ter contribuído para a melhora na margem de lucratividade.

Rentabilidade do Ativo

Esse quociente revela que, no exercício de X1, para cada $ 1,00 de investimentos totais, a empresa obteve $ 0,19 de lucro. No exercício de X2, essa relação foi de $ 0,36 para cada $ 1,00 de investimentos, provando que a empresa melhorou seu potencial de geração de Lucros. Isso confirma as observações anteriores de que, no exercício de X2, a empresa melhorou sua política administrativa, permitindo-lhe aumentar o potencial de gerar Lucros. Apurando lucros, a empresa pode capitalizá-los, aumentando o Patrimônio Líquido e melhorando a participação dos capitais próprios em relação aos capitais de terceiros, o que confirma as observações anteriores, evidenciando o melhor desempenho da empresa em X2 se comparado a X1.

O quociente indica, ainda, que a empresa se encontra realmente em fase de crescimento. Em X1, demoraria pouco mais de cinco anos para dobrar seus investimentos efetuados no Ativo, ao passo que, em X2, demoraria pouco menos que três anos.

Rentabilidade do Patrimônio Líquido

Em X1, a empresa obteve $ 0,86 de Lucro para cada $ 1,00 de Patrimônio Líquido. Em X2, essa marca melhorou consideravelmente, pois, para cada $ 1,00 investido no Patrimônio Líquido, a empresa obteve $ 0,95 de Lucro Líquido.

Para saber se os proprietários realmente ganharam investindo seus capitais na Comercial Mônaco S/A, será preciso comparar a lucratividade alcançada com outros investimentos do mercado, como Fundos de Liquidez Imediata; Certificados de Depósitos Bancários (CDBs); Depósitos a Prazo Fixo; Títulos e Letras do Tesouro Nacional ou dos Estados; Letras de Câmbio; aplicações em Ouro; Depósitos em Cadernetas de Poupança etc.

RESUMO

Finalmente, a partir da interpretação dos Quocientes de Estrutura de Capitais, Liquidez e Rentabilidade, podemos dizer que, no exercício de X2, em relação a X1, a empresa Comercial Mônaco S/A apresentou melhor desempenho, embora ainda não tenha alcançado o patamar ideal.

É importante, ainda, ressaltar que, no exercício de X1, os proprietários demorariam 1,16 anos para recuperar o valor do Capital investido, ao passo que, no exercício de X2, essa demora seria de apenas 1,05 anos.

7.4.6 Quinta Etapa: Análises Vertical/Horizontal

A Análise Vertical efetuada na Demonstração do Resultado do Exercício é mais útil que a efetuada no Balanço Patrimonial.

Nesse caso, analisaremos apenas a Demonstração do Resultado do Exercício. Veja:

ENTIDADE: Comercial Mônaco S/A **DEMONSTRAÇÃO DO RESULTADO DO EXERCÍCIO PADRONIZADA PARA ANÁLISE VERTICAL** **EXERCÍCIO FINDO EM: 31.12.X2**	EXERCÍCIO X1		EXERCÍCIO X2	
CONTAS	VA – $	AV – %	VA – $	AV – %
RECEITA LÍQUIDA DE VENDAS	240.000	100,00	312.000	100,00
(–) CUSTO DAS MERCADORIAS VENDIDAS	(94.000)	39,16	(106.000)	33,97
(=) LUCRO BRUTO	146.000	60,83	206.000	66,02
(–) DESPESAS OPERACIONAIS				
• Despesas com Vendas	(16.000)	6,66	(39.000)	12,50
• Despesas Gerais e Administrativas	(65.000)	27,08	(55.000)	17,62
• Outras Despesas Operacionais	(6.000)	2,50	(9.000)	2,88
(+) OUTRAS RECEITAS OPERACIONAIS	–	–	–	–
(=) RESULTADO OPERACIONAL (antes do Resultado Financeiro)	59.000	24,58	103.000	33,01
(+) RECEITAS FINANCEIRAS	1.000	0,41	11.000	3,52
(–) DESPESAS FINANCEIRAS	(22.400)	9,33	(12.400)	3,97
(=) RESULTADO OPERACIONAL	37.600	15,66	101.600	32,56
(±) OUTROS RESULTADOS	–	–	–	–
(=) RESULTADO DO EXERC. ANTES DA TRIB.	37.600	15,66	101.600	32,56
(–) TRIBUTOS	(16.000)	6,66	(40.000)	12,82
(–) PARTICIPAÇÕES	–	–	(8.200)	2,62
(=) LUCRO OU PREJUÍZO LÍQUIDO DO EXERCÍCIO	21.600	9,00	53.400	17,11

VA = Valores Absolutos
AV = Análise Vertical

Conforme estudamos no Capítulo 5, por meio da Análise Vertical podemos verificar a porcentagem de cada conta em relação a seu conjunto.

Na Demonstração do Resultado do Exercício, o percentual de cada conta é calculado em relação ao total da receita líquida de vendas.

Quando for possível reduzir custos ou despesas, essa redução influirá diretamente no lucro líquido, aumentando-o.

Veja alguns pontos que poderão ser abordados por meio da Análise Vertical das contas constantes da Demonstração do Resultado do Exercício da Comercial Mônaco S/A:

- **Custo das Mercadorias Vendidas:** no exercício de X2, o percentual dessa conta foi 5,19% menor que no exercício de X1. Essa redução deve ter ocorrido em função de esforços da empresa a fim de conseguir maiores vantagens perante os fornecedores.
- **Lucro Bruto:** observa-se um aumento de 5,19% no exercício de X2 em relação ao de X1, decorrente, obviamente, da redução do Custo das Mercadorias Vendidas.

- **Despesas com Vendas:** houve aumento de 5,84% em relação ao exercício anterior. Esse aumento certamente é resultado de decisão tomada pela Comercial Mônaco S/A, que, para aumentar sua rentabilidade em X2 visando reduzir o grau de endividamento, precisou gerar gastos com promoções de vendas (propagandas, comissões a empregados etc.).
- **Despesas Gerais e Administrativas:** a empresa conseguiu reduzir em 9,46% os gastos com despesas administrativas no exercício de X2 em relação ao exercício de X1. Essa queda revela a preocupação da empresa em reduzir gastos com pessoal administrativo, materiais etc.
- **Outras Despesas Operacionais:** houve aumento em relação ao exercício anterior, mas inexpressivo para fins de análise.
- **Resultado Operacional antes do Resultado Financeiro:** houve aumento no exercício de X2, de 8,43% em relação ao exercício de X1. Esse aumento resultou da redução do Custo das Mercadorias Vendidas e das Despesas Gerais e Administrativas, o que conseguiu anular os aumentos das Despesas com Vendas.
- **Receitas Financeiras:** no exercício de X2, houve aumento de 3,11% em relação ao exercício anterior. Esse aumento revela que a situação financeira da empresa apresentou sinais de recuperação em X2 em relação a X1.
- **Despesas Financeiras:** no exercício de X2, houve redução de 5,33% em relação à despesa financeira do exercício de X1. Essa redução revela que a empresa realmente trabalhou no sentido de reduzir seus gastos.

  Nesse caso, por meio da análise dos Quocientes de Estrutura de Capitais, podemos observar a obtenção de empréstimos de longo prazo para cobrir dívidas de curto prazo. Essa medida, além de reduzir as despesas financeiras com juros e taxas, que são altas na captação de recursos de curto prazo, permite que a empresa trabalhe melhor o dinheiro, fruto de suas vendas, uma vez que somente em longo prazo desembolsará importâncias para pagar os empréstimos.
- **Resultado Operacional:** houve aumento de 17,40% no exercício de X2 em relação ao exercício de X1. Esse aumento deu-se em função da boa política adotada pela empresa a fim de melhorar sua situação financeira por meio da redução do CMV, das Despesas Gerais e Administrativas, do aumento das Receitas Financeiras e da redução das Despesas Financeiras.
- **Tributos sobre o Lucro Líquido:** este item revela que o crescimento em X2 decorre de aumento obtido na lucratividade.
- **Participações:** em X2, a empresa ofereceu a seus empregados 2,67% de suas vendas líquidas como Participação nos Lucros. Observa-se que em X1 não houve Participação nos Lucros. Certamente, esse prêmio foi uma das medidas adotadas pela Comercial Mônaco S/A, que incentivou os empregados a reduzir custos e a trabalhar mais para aumentar o volume das vendas.
- **Lucro Líquido do Exercício:** observa-se um aumento de 8% no exercício de X2 em relação ao exercício de X1. Esse aumento ocorreu em função da boa política adotada pela empresa, que conseguiu reduzir custos e despesas e aumentar o volume das vendas, oferecendo incentivos aos empregados. Os incentivos oferecidos pela empresa podem ser notados pelos aumentos ocorridos nas Despesas com as Vendas e pela Participação nos Lucros.

Noções de Análise de Demonstrações Contábeis

Análise Horizontal

Analisaremos apenas a Demonstração do Resultado do Exercício.

ENTIDADE: Comercial Mônaco S/A DEMONSTRAÇÃO DO RESULTADO DO EXERCÍCIO PADRONIZADA PARA ANÁLISE VERTICAL EXERCÍCIO FINDO EM: 31.12.X2				
CONTAS	**EXERCÍCIO X1**		**EXERCÍCIO X2**	
	VA – $	AH – %	VA – $	AH – %
RECEITA LÍQUIDA DE VENDAS	240.000	100,00	312.000	130,00
(–) CUSTO DAS MERCADORIAS VENDIDAS	(94.000)	100,00	(106.000)	112,76
(=) LUCRO BRUTO	146.000	100,00	206.000	141,09
(–) DESPESAS OPERACIONAIS				
• Despesas com Vendas	(16.000)	100,00	(39.000)	243,75
• Despesas Gerais e Administrativas	(65.000)	100,00	(55.000)	84,61
• Outras Despesas Operacionais	(6.000)	100,00	(9.000)	150,00
(+) OUTRAS RECEITAS OPERACIONAIS	–	–	–	–
(=) RESULTADO OPERACIONAL				
(antes do Resultado Financeiro)	59.000	100,00	103.000	174,57
(+) RECEITAS FINANCEIRAS	1.000	100,00	11.000	1.100,00
(–) DESPESAS FINANCEIRAS	(22.400)	100,00	12.400	55,35
(=) RESULTADO OPERACIONAL	37.600	100,00	101.600	270,21
(±) OUTROS RESULTADOS	–	–	–	–
(=) RESULTADO DO EXERC. ANTES DA TRIB.	37.600	100,00	101.600	270,21
(–) TRIBUTOS	(16.000)	100,00	(40.000)	250,00
(–) PARTICIPAÇÕES	–	–	(8.200)	*
(=) LUCRO OU PREJUÍZO LÍQUIDO DO EXERCÍCIO	21.600	100,00	53.400	247,22

VA = Valores Absolutos
AH = Análise Horizontal
* Cálculo prejudicado, pois não houve participação no exercício anterior.

A grande importância da Análise Horizontal é possibilitar o conhecimento da evolução de cada conta ao longo de vários períodos.

Em nosso exemplo, dispomos apenas de dados relativos a dois exercícios, quando o ideal seria analisar pelo menos três exercícios.

Tendo em vista apenas o conhecimento superficial da situação econômica e financeira da Comercial Mônaco S/A, veja alguns pontos que poderão ser analisados por meio da Análise Horizontal da Demonstração do Resultado do Exercício:

* **Receita Líquida de Vendas:** houve aumento de 30% em relação ao exercício anterior. Como estamos considerando que não houve inflação no período, esse aumento real decorreu da boa política adotada pela empresa no exercício de X2, já observada por meio da Análise Vertical, com aumento das comissões a vendedores, participação nos lucros e redução de gastos com despesas de alguns grupos.

- **Lucro Bruto:** com o aumento no volume das vendas e redução no Custo das Mercadorias Vendidas, a empresa conseguiu aumentar seu lucro bruto em 41% em relação ao exercício anterior.
- **Despesas com Vendas:** a empresa incentivou os vendedores a aumentar as vendas, pagando melhores comissões. Essa medida fez as despesas com as vendas aumentarem 143,75% no exercício de X2.
- **Despesas Gerais e Administrativas:** ficaram confirmadas as observações efetuadas na Análise Vertical, em que foi registrada redução no volume dessas despesas em relação ao exercício anterior. Essa redução pode ter ocorrido em função da política de evitar desperdício de materiais e até da redução do quadro de pessoal.
- **Outras Despesas Operacionais:** houve um acréscimo de 50% em relação ao exercício anterior. Esse valor é, entretanto, inexpressivo e não merece, nesse caso, maiores cuidados.
- **Resultado do Exercício antes do Resultado Financeiro:** houve aumento de 74,57% em relação ao exercício anterior, pelas razões já observadas na análise da evolução das contas anteriores.
- **Receitas Financeiras:** houve acréscimo de 100% em relação ao exercício anterior. Esse aumento pode decorrer do recebimento de duplicatas com atraso ou de aplicações no mercado financeiro. O mais provável, nesse caso, é que tenha havido aplicações no mercado financeiro.
- **Despesas Financeiras:** a empresa conseguiu reduzir os gastos com Despesas Financeiras. A redução dos custos e despesas observados nos itens anteriores permitiu que a empresa mantivesse em seu poder mais recursos financeiros por mais tempo, aplicando-os no pagamento de dívidas, sem ter sido necessário tomar empréstimos volumosos ou atrasar o cumprimento de obrigações e reduzindo, assim, as despesas com juros, multas etc.
- **Tributos sobre o Lucro Líquido:** houve acréscimo de 150%, resultante do aumento do lucro apurado pela empresa.
- **Participações:** não ocorreram no exercício de X1; entretanto, em X2 a empresa premiou empregados e administradores dando-lhes uma parcela do lucro. A distribuição de parte do resultado aos trabalhadores e administradores é uma atitude positiva que certamente contribuiu com o aumento da lucratividade de X2.
- **Lucro Líquido do Exercício:** houve aumento de 147,22% em relação ao Lucro do exercício anterior, revelando que a empresa tomou medidas adequadas para melhorar sua lucratividade.

7.4.7 Sexta Etapa: Comparação com Padrões

Nesta etapa do Processo de Análise, o analista deve comparar os quocientes encontrados com os Quocientes-padrão.

Uma das preocupações do analista, nesta fase do processo de análise, é como encontrar os Quocientes-padrão.

Para fins didáticos, pode-se trabalhar com quocientes hipotéticos.

Interessa mais, neste momento, desenvolver o raciocínio comparativo entre os quocientes encontrados e os Quocientes Medianos alcançados por empresas que exercem o mesmo ramo de atividade da empresa em análise.

Noções de Análise de Demonstrações Contábeis

Na vida real, os Quocientes-padrão poderão ser obtidos de duas maneiras:

a) por meio de publicações efetuadas por empresas especializadas no cálculo de Quociente-padrão;
b) mediante cálculos efetuados pelo próprio analista, obedecendo às instruções apresentadas no Capítulo 6 deste livro.

Veja, então, um mapa contendo os Quocientes Absolutos dos exercícios de X1 e X2 e os Quocientes-padrão hipotéticos para o exercício de X2.

Vale lembrar que os Quocientes-Padrão hipotéticos informados a seguir têm apenas efeito didático.

INDICADORES	X1	X2	
	QA	QA	QPH
QUOCIENTES FINANCEIROS			
Estrutura de Capitais			
• Participação de Capitais de Terceiros	3,40	1,60	0,85
• Composição do Endividamento	1,00	0,61	0,50
• Imobilização do Patrimônio Líquido	1,60	1,10	0,60
• Imobilização de Recursos Não Correntes	1,60	0,67	0,48
Liquidez			
• Liquidez Geral	0,82	0,93	2,00
• Liquidez Corrente	0,64	1,35	1,30
• Liquidez Seca	0,29	0,89	1,10
• Liquidez Imediata	0,12	0,39	0,55
QUOCIENTES ECONÔMICOS			
Rentabilidade			
• Giro do Ativo	2,18	2,13	2,10
• Margem Líquida	0,09	0,17	0,13
• Rentabilidade do Ativo	0,19	0,36	0,20
• Rentabilidade do Patrimônio Líquido	0,86	0,95	0,25

QA = Quocientes Absolutos
QPH = Quocientes-Padrão Hipotéticos

A comparação dos quocientes absolutos relativos ao exercício de X2 com os Quocientes-padrão também de X2, individualmente, pode ser visualizada com facilidade no próprio mapa apresentado.

Alguns comentários, entretanto, se tornam necessários:

Quocientes do tipo "quanto menor, melhor"

Os Quocientes de Estrutura de Capitais, que são do tipo "quanto menor, melhor", revelam que a empresa, no exercício de X2, não apresentou bom desempenho em relação a seus concorrentes, pois todos os quocientes estiveram acima dos Quocientes-padrão.

Quocientes do tipo "quanto maior, melhor"

Com relação aos Quocientes de Liquidez, somente o de Liquidez Corrente esteve acima do Quociente-padrão, revelando que, em relação a seus concorrentes, a empresa trabalhou no exercício de X2 com baixo grau de solvência.

Com relação aos Quocientes de Rentabilidade, a empresa trabalhou, no exercício de X2, acima do padrão de seus concorrentes. Esse fato foi revelado pela boa lucratividade apurada.

A partir da análise dos Quocientes de Estrutura de Capitais e de Liquidez, observamos que a empresa não se encontra bem estruturada do ponto de vista financeiro; entretanto, há tendências de melhora no futuro, reveladas pela alta lucratividade em relação a seus concorrentes.

No exercício de X2, a empresa Comercial Mônaco S/A conseguiu melhorar sua situação financeira e poderá reverter o quadro desfavorável observado em X1 e que permaneceu, embora menos acentuado em X2, em pouco tempo, desde que consiga manter a lucratividade.

7.4.8 Sétima Etapa: Elaboração do Relatório

Veja, agora, como ficará o Relatório de Análise para a Comercial Mônaco S/A em relação à análise processada nas Demonstrações Contábeis dos exercícios de X1 e de X2.

RELATÓRIO DE ANÁLISE DE DEMONSTRAÇÕES CONTÁBEIS

(Destinatário)

Após a análise e interpretação das Demonstrações Contábeis da empresa Comercial Mônaco S/A, relativas aos exercícios de X1 e X2, apresentamos as seguintes informações:

1. Situação financeira

Endividamento: a empresa apresenta alto grau de endividamento, uma vez que os Quocientes de Estrutura de Capitais se encontram acima dos quocientes alcançados por empresas que exercem o mesmo ramo de atividade.

No período abrangido pela análise, a empresa não apresentou capital circulante próprio. Esse fato evidencia que a empresa trabalhou com capitais de terceiros em proporções maiores que os capitais próprios, ficando estes insuficientes para financiar o Ativo Fixo, deixando a empresa nas mãos de terceiros. Houve uma considerável melhora no grau de endividamento no exercício de X2 em relação ao de X1, indicando tendências de breve recuperação.

Liquidez: do ponto de vista de solvência, a empresa encontra-se, também, em situação desfavorável, pois não apresenta solidez financeira que garanta o cumprimento dos compromissos de curto e de longo prazo. A exceção é o exercício de X2, no qual o Quociente de Liquidez Corrente se encontra ligeiramente acima do Quociente-padrão de seus concorrentes.

---

2. Situação econômica

Rentabilidade: a situação econômica no exercício de X2 foi melhor que no exercício de X1. Em X2, os Quocientes de Rentabilidade encontram-se acima dos Quocientes-padrão Medianos de seus concorrentes. A boa rentabilidade alcançada no exercício de X2 decorre do esforço efetuado pela empresa no sentido de reverter o alto grau de endividamento apresentado no exercício de X1.

3. Situação econômica e financeira

Embora apresente, no exercício de X1, alto grau de endividamento e baixo grau de solvência, a Comercial Mônaco S/A revela tendências de melhora em função da boa política de renegociação de dívidas. Essa política permitiu reduzir compromissos de curto prazo em troca de empréstimos de longo prazo. Além disso, houve uma boa iniciativa de contenção de despesas e incentivo ao aumento do volume de vendas, que foi possível por meio da tomada de medidas adequadas.

O alto grau de rentabilidade alcançado no exercício de X2, que coloca a empresa acima do patamar de seus concorrentes, não foi suficiente para reverter, nesse ano, o quadro desfavorável verificado no exercício de X1. Contudo, não há evidências para falência.

A Comercial Mônaco S/A consegue girar seu Ativo mais de duas vezes ao ano e apresenta evolução de quase 100% em sua margem líquida no exercício de X2 em relação ao exercício de X1. Mantendo a atual política de renegociação de dívidas, de contenção de despesas e aumento da rentabilidade, conseguirá, em pouco tempo, apresentar graus de endividamento e liquidez satisfatórios, circunstâncias que resultarão em maior solidez econômica e financeira.

(Local, data, assinatura e identificação do analista)

Anexos ao relatório de análise de Demonstrações Contábeis efetuados com base nas Demonstrações Contábeis da Comercial Mônaco S/A.

nota

- Tendo em vista que os anexos que fundamentam os resultados da análise consubstanciados no relatório apresentado nesta seção correspondem a Demonstrações Contábeis e mapas desenvolvidos neste capítulo, por razões práticas, vamos apenas indicar as seções em que tais anexos se encontram.

I – Balanço Patrimonial padronizado

(Esse demonstrativo encontra-se na seção 7.4.2 deste capítulo.)

II – Demonstração do Resultado do Exercício padronizada

(Esse demonstrativo encontra-se na seção 7.4.2 deste capítulo.)

III – Mapa dos indicadores

(Esse mapa encontra-se na seção 7.4.7 deste capítulo.)

IV – Demonstração do Resultado do Exercício da Comercial Mônaco S/A, em 31/12/X2, padronizada para Análise Vertical

(Esse demonstrativo encontra-se na seção 7.4.6 deste capítulo.)

V – Demonstração do Resultado do Exercício da Comercial Mônaco S/A, em 31/12/X2, padronizada para Análise Horizontal

(Esse demonstrativo encontra-se na seção 7.4.6 deste capítulo.)

MENSAGEM FINAL

A proposta deste quarto volume, intitulado *Noções de Análise de Demonstrações Contábeis*, foi mostrar a você os procedimentos necessários para efetuar a análise das informações contidas nas Demonstrações Contábeis.

Você percebeu que, com a aplicação de poucas fórmulas já consagradas pelos usuários de Demonstrações Contábeis, mais especificamente pelos analistas de Demonstrações Contábeis, é possível conhecer a situação econômica e financeira de uma entidade, sem embaraço algum.

Temos certeza de que, neste momento, em que você está próximo de concluir os estudos dos Fundamentos de Contabilidade apresentados nos cinco volumes desta série, concordará que a Contabilidade é fácil e que ela pode nos auxiliar tanto no desenvolvimento das nossas atividades profissionais como na gestão de nossos negócios particulares.

Se você pretende ampliar ainda mais seus conhecimentos em Contabilidade, indicamos os seguintes livros, todos de nossa autoria ou coautoria: *Contabilidade Comercial em Foco, Contabilidade Geral em Foco, Contabilidade de Custos, Contabilidade Avançada, Contabilidade para Concursos e Exame de Suficiência* (coautor), *Introdução à Contabilidade Gerencial* (coautor), *Introdução à Contabilidade Tributária* (coautor), *Auditoria em Foco* (coautor) e *Ética na Contabilidade* (coautor).

Prof. Osni Moura Ribeiro

BIBLIOGRAFIA

CALDERELLI, A. **Enciclopédia contábil e comercial brasileira**. São Paulo: CETEC, 1997.

EISEN, P. J. **Accounting**. 3. ed. New York: Barron's Business, 1994.

FRANCO, H. **Contabilidade geral**. 18. ed. São Paulo: Atlas, 1972.

GOUVEIA, N. **Contabilidade**. São Paulo: McGraw-Hill do Brasil, 1985.

JACINTHO, R. **Biblioteca de ciências contábeis em lançamentos programados**. São Paulo: Brasiliense, 1981.

NEPOMUCENO, F. **Novo plano de contas**. São Paulo: Thomson – IOB, 2003.

RIBEIRO, O. M. **Contabilidade básica**. 30. ed. São Paulo: SaraivaUni, 2017. (Série Em Foco).

_____. **Estrutura e análise de balanços**. 12. ed. São Paulo: SaraivaUni, 2017.

_____. **Noções de contabilidade**. São Paulo: Érica, 2019. (Série Fundamentos de Contabilidade).

_____. **Noções de contabilidade comercial**. São Paulo: Érica, 2019. (Série Fundamentos de Contabilidade).

_____. **Noções de demonstrações contábeis**. São Paulo: Érica, 2020. (Série Fundamentos de Contabilidade).

WALTER, M. A. **Introdução à contabilidade**. São Paulo: Saraiva, 1981.